欧米の建築家
日本の建築士

Architect
≠
Kenchikushi

戸谷英世

井上書院

欧米の建築家
Architect
vs
Kenchikushi
日本の建築士

はじめに

一九八〇年、私は住宅・建築・都市行政を行う建設省住宅官僚を退官した。即日、中曽根内閣が取り組もうとしていた輸入住宅政策の一端を担った輸入建材商社兼輸入住宅建設業者から、官僚時代の業績を高く評価していただき、「官僚時代にできなかった思いを尽くす仕事をしてもよい」との条件でこの企業に迎えられた。

アメリカはドル危機後の経済後退期で輸出住宅を推進しようとし、アメリカの住宅産業技術を日本に輸出しようとしていた。官僚時代に私は、カナダからツーバイフォー工法の技術移転をわが国でも実現できる建築基準法上の技術に開放した。当時、同工法は、カナダ政府の働きかけで、イギリス、ドイツ、フランスの住宅に優れた影響・成果を上げていたため、日本もカナダ政府の支援を受け、私は技術基準の制定など、わが国でツーバイフォー工法を展開するべく働いた。私が民間企業で働くようになったとき、北米（カナダとアメリカ）の住宅産業がわが国と比較して、はるかに高い品質の住宅を半額以下の価格で供給している事実を見て、北米に倣う必要性を確信した。そこで全米ホームビルダー協会（ＮＡＨＢ）と協力して、ＩＢＳ（インターナショナル・ビルダーズ・ショー）と基本的に同じコンセプトで、神戸インターナショナル・ハウジングフェアー（ＫＩＨＦ）を神戸市および民間四企業で実施した。

その経験を踏まえて、わが国が今後取り組むべきロードマップを『アメリカの家・日本の家―住宅文化比較論』（井上書院刊）で世に問うた。この書を、近藤鉄雄元中曽根内閣経済企画庁長官が書店で見つけ共鳴し、住宅問題の個人講座を週一回、四カ月実施した。その後、日本の住宅産業をアメリカに倣おうとする複数の同志が集まり、一九九六年に住宅生産性研究会（理事長近藤鉄雄）を設立し、ＮＡＨＢと相互友好協力協定を締結した。翌年、純粋な技術移転団体とすべく、私が理事長となり、協定を根拠にＮＡＨＢの住宅産業技術中、建設業経営管理（ＣＭ）技術を体系的にまとめたテキスト四冊の翻訳・解説本の出版を行うとともに、住宅および住宅地開発技術の国内移転に着手した。その後、二〇余年の取組みにもかかわらず、アメリカの住宅産業技術の国内移転は軌道に乗せられず、原因の解明に五年以上の歳月を費やした。その原因は、住宅政策・都市政策の違いにあった。本書はその解明の本でもある。

その原因となるわが国の建築設計・都市計画は、欧米の建築設計・都市計画と基本的に違っていた。その違っている疑問について、半世紀の住宅・建築・都市計画との業務をとおしてたどり着いた結論を住宅文化論としてまとめた。それが、二〇一五年『フローの住宅・ストックの住宅－日本・アメリカ・オランダ住宅比較論』（井上書院刊）である。

この本では、中世ヨーロッパ文化を発展させ、世界中で最も自由な国オランダと、中世をもたずヨーロッパ文明・文化を取り入れ、追い越した新生国アメリカと、ヨーロッパとアメリカの両者を近代国家のモデルと考え、その後を追いつき、追い越そうとした日本の三国比較である。日本が欧米の後を追いながら、その目標とまったく逆の方向に向かって突き進んで、国民を不幸にしている事実を、比較によって明らかにした。明治政府は、江戸時代に幕府が締結した不平等条約を改正するため、欧米先進国から優秀な人材を多数招聘《しょうへい》し、欧米に倣う取組みを行った。当初、この三国比較のヨーロッパの都市に、最初に産業革命が起こり、住宅問題、住宅政策の先頭を走ったイギリスを取り上げようと考えた。英米法の国で私の長男と次女が住宅を購入し、二〇年以上生活していることからアメリカを取り上げ、大陸法の国は、江戸時代にわが国に最も大きな影響を与え、イギリスが台頭する前には世界の海を支配していたオランダを選んだ。特に私の長女がオランダに定住して二五年が経過し、自宅を購入し、大学生と高校生のこどもを育てていることから、オランダの状況がわかりやすいことも選択の理由であった。

この三国比較の結果は、国民の住生活に焦点を置き、国民の最も大きな買い物である住宅を個人投資と考え、投資に対し最大の配当を用意する政策を行っている欧米と、個人の資産形成を犠牲にしても、住宅産業の企業利益と日本国経済の発展を優先する日本の住宅政策の違いが明らかになった。

現象を単純化して解説すると、建設・流通利益を上げる産業本位の政治か、住宅を所有した消費者本位の政治かの違いである。そのような違いが表れた理由は、政治、社会、経済的理由と深く関係した学問や技術の構成に原因があった。それは国家の歴史観となる人文科学的な考察において、欧米とわが国に大きな違いがあった。国家という大きな体制は、その方向を急旋回して変更することはできない。国民が安心して国家の運営を国家体制にゆだねるためには、その国の歴史・文化・生活を大切にした歴史観を背景に国家経営が行われていなければならない。過去、現在、未来を連続的に捉える見方を扱う学問が人文科学である。住宅を計画・設計し、都市を計画・設計する業務では、人文科学的な認識と、住宅・建築・都市計画思想を踏まえ、それを前提に設計・計画するという創造的業務によって、優れた住宅・建築・都市環境を計画できる。このような理解の上に、欧米の住宅・建築・都市の計画・設計は人文科学として研究され、計画されてきた。

欧米では、計画・設計は人文科学学部（ヒューマニティ・デパートメント）建築学科（スクール・オブ・アーキテクチャー）で扱われ、日本の建築工学、土木工学および都市工学を研究教育する学問領域は、施工部分の建設工学（シビルエンジニアリング）の学部で扱われてきた。そこでは、未来に向けて創造する計画・設計は、人間の歴史・文化・生活に根差した人文科学（ヒューマニティーズ）の学部で、未来を展望して創造された設計・計画内容をその計画・設計どおり正確に建設する、自然科学における建設工学（シビルエンジニアリング）の学問とされてきた。一方、わが国では目先の利益の追求のための政策や計画が重要視され、人類史的な長期の視点で住宅・建築・都市を考え、計画・設計する学問研究が無視されている。そのため日本では、現在、政策として実施する計画を立案し施工する、「フローの住宅」政策という歪んだ目先の利益に振り回される政治、行政、学問研究が重視され、未来へ索引する力を失っている。

欧米などの先進国ではグローバルな視点で計画し、ローカリーな視点で個別政策がとられているが、それは産学官の関係者によって、人文科学という歴史・文化を重視する合意形成の下に政治経済が取り組まれているからである。わが

大和絵風のH・F・マコーミック邸の俯瞰図

国の住宅が短い寿命しかもたない理由は、材料の寿命のためではなく、住宅の考え方がものづくりに縛られ、未来の生活への構想力が欠如しているためで、わが国の住宅・都市建築が「スクラップ・アンド・ビルド」を繰り返す理由も、人文科学的な住宅建築設計と都市計画が存在しないためである。

住宅により国民が経済的・環境的に豊かな生活を享受している欧米と、わが国のように不等価交換販売と不等価交換金融によって国民が貧困にさせられている国との違いは、国が行ってきた住宅・建築・都市計画教育の中に原因がある。このことが理解できるように、本書では多角的視点で説明するとともに、特に伝えたい内容は繰り返し述べている。また、巻末には「索引」を、本書欄外にはジョン・ミルンズ・ベーカー著、筆者翻訳の『アメリカン・ハウス・スタイル』(井上書院刊)による住宅デザインのスケッチと解説を掲載した。これらの資料を掲載することにより、本書が建築・住宅・都市計画についての百科全書として活用できるよう、著者と出版社が協力して編集にあたった。

二〇一八年七月

戸谷英世

シカゴの豪商H・F・マコーミックは自宅の設計をフランク・ロイド・ライトに依頼したプレーリー様式の設計図（八ページ・図）。しかし、その設計は西欧のクラシック様式でないため資産形成にならないと考え、チャールズ・A・プラットに設計のやり直しを依頼し、パラディアン様式の住宅になった。（左図）

欧米の建築家 Architect & Kenchikushi 日本の建築士 ——［目次］

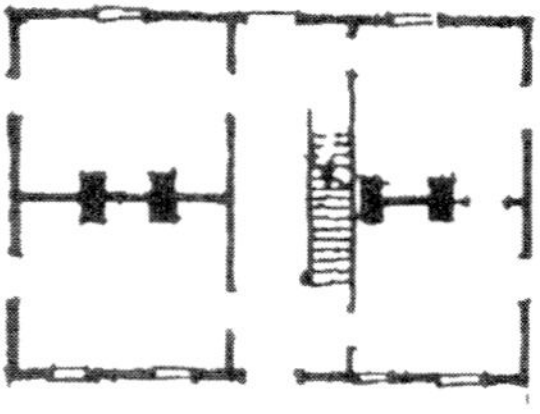

「中央広間」型コロニアル様式の典型的な平面図

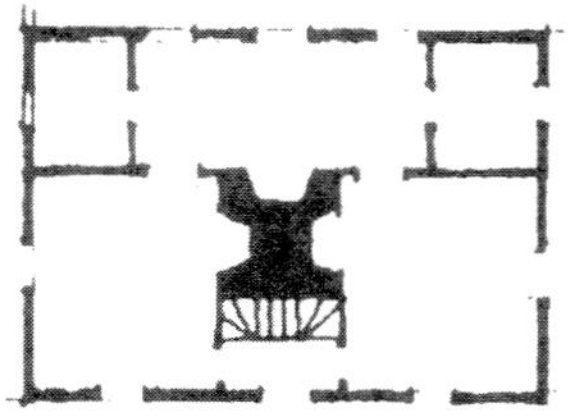

「ソルトボックス」型の典型的な平面図

ケープコッド・コテージ型式

ニューイングランド様式
ソルトボックス型式

［I］欧米の人文科学としての建築学と日本の建設工学としての建築学

アンドレア・パラディオ『建築四書』の中の第2章図版32の
「偉大なるマルコ・ゼナ閣下」のためのセファルトに建つ邸宅

ルネサンスは古代ローマに立ち返ることとされ、
エコール・デ・ボザールでは、古代ローマのウィトルウィウスによる
『建築十書』を基本と考えた。『建築十書』をルネサンスとして
再現した建築家がアンドレア・パラディオで、その作品集が
『建築四書』であり、ルネサンス様式の建築教科書とされた。

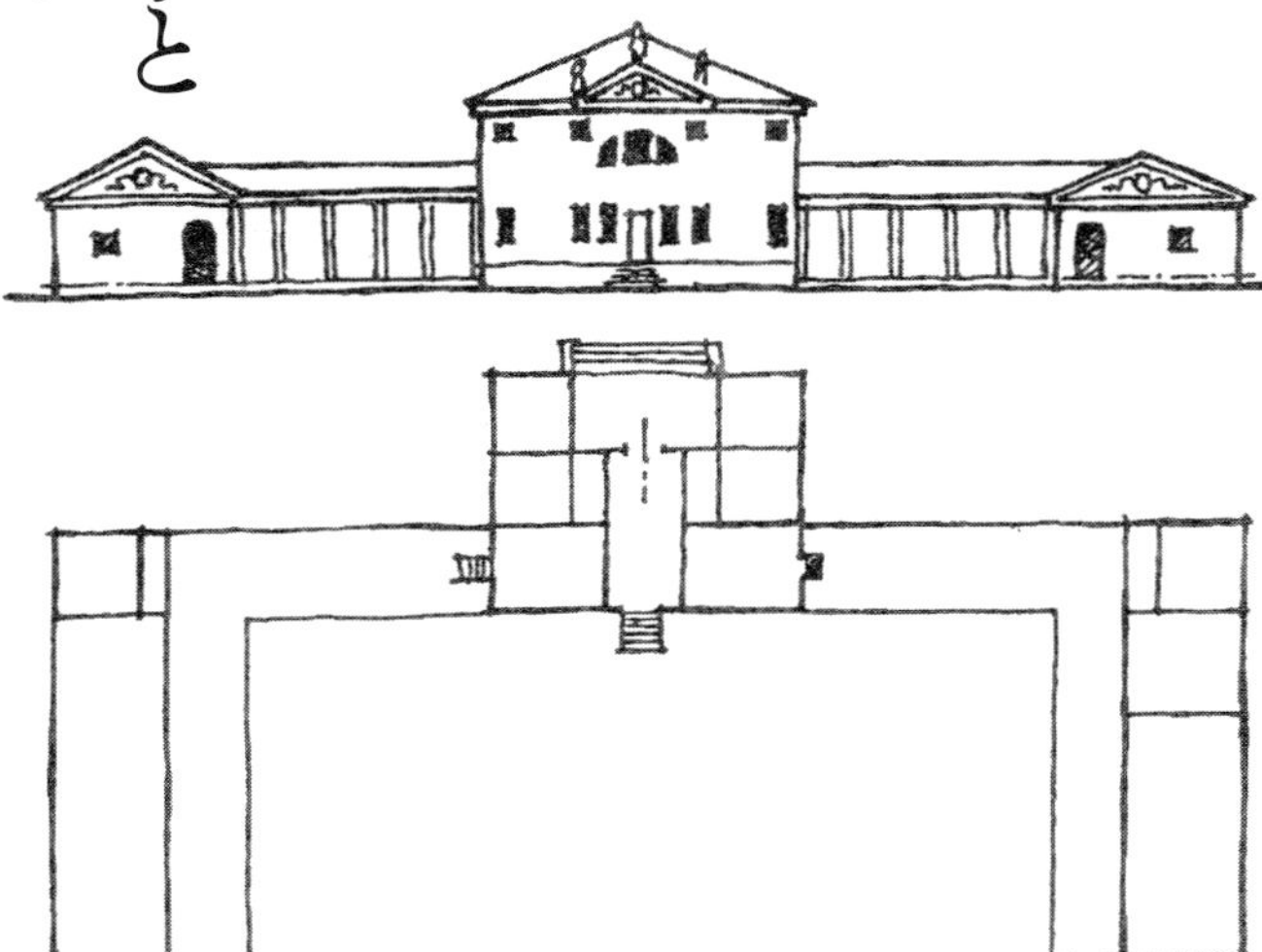

1――近代日本に渡来した四つの西欧住宅と建築学科の建築設計教育

明治・大正時代に導入された欧米の住宅建築教育

明治・大正時代に欧米からわが国に導入された住宅建築には、以下の四種類がある。このうち大学の建築教育の対象にされたものは、(1)の近代ルネサンス建築教育だけである。

(1) 明治政府がヨーロッパから持ち込んだ「和魂洋才」の建築図案(意匠教育)としての近代ルネサンス様式建築

(2) 北海道開拓使が、アメリカ元農務長官ホーレス・ケプロンの推薦で北海道開拓に持ち込んだバルーンフレーム工法建築

(3) 橋口信介が、大正時代にフェミニズム運動と結んだ住生活改善運動とともに持ち込んだ、クラフツマン様式でつくられたバンガロー建築

(4) トーマス・ブレーク・グラバーが長崎に持ち込み、日本人大工・職人が建設した、インド・ベンガル地方のイギリス植民地で生まれたバンガロー建築

近代ルネサンス建築教育は、欧米では人文科学(ヒューマニティーズ)教育で

伝統的なオーダー(柱の構成比)

全部で五種類のルネサンス様式がある。この中でコンポジットオーダーはきわめてまれにしか使われない。その構成部分の比率と寸法はコリント式と酷似している。

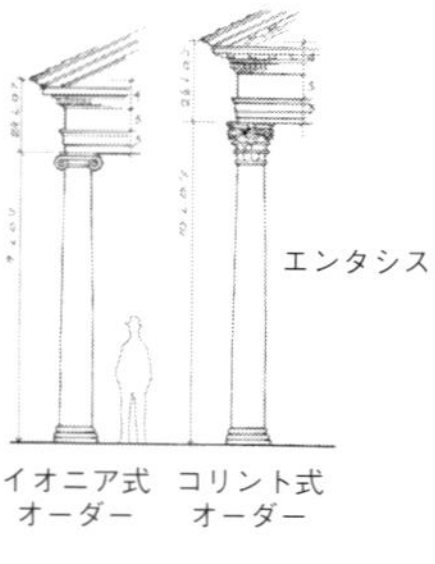

柱はその高さにおいて、柱の下部の直径の七倍から一〇倍までいろいろある。エンターブラチャー(桁)は、柱の高さの四分の一で、アーキトレイブ、フリーズ、コーニスオーダーの区分は厳しい決まりで定められている。ドリス式オーダー(ギリシャ)は柱の下部の直径の$7\frac{1}{2}$倍で、柱はわずか$5\frac{3}{4}$倍でベース(土台)はない。

あったものが、わが国では近代ルネサンスの思想と歴史・文化を扱う人文科学教育が行われなかった。代わって建築意匠を正確に施工するための設計製図教育が行われた。それは、建築施工を行う建設工学(シビルエンジニアリング)のためのドラフトマン教育であり、建築意匠を正確に行うための施工図面教育が実施された。そのため、関東大震災によって近代ルネサンス建築が倒壊し、多数の人命と財産が失われたとき、これまで行われてきた実施設計のための近代ルネサンス建築の意匠教育は「役に立たない教育」として放棄され、「人命と財産を守る耐震安全構造建築教育」が始められた。こうして、わが国の建築教育はルネサンス建築意匠教育から構造安全教育へと転換した。以来、わが国では欧米で行われている人文科学教育はまったく行われず、建築基準法一辺倒の確認申請合格設計図書(「代願設計」という)建築教育になっている。

欧米でも、建築教育を受けた人でアーキテクト(建築家)になる人もあれば、ドラフトマン(建築製図技術者)になる人もいる。ドラフトマンの業務は、基本的にものづくりのための実施設計(インプレメンテイション・デザイン)の建設工学技術で、歴史・文化を踏まえた創造的な業務である人文科学ではない。

本書の中心課題の一つは、欧米の人文科学として行われている建築教育と、わが国の工学部建築学科の建築教育の違いを明らかにすることにある。明治時

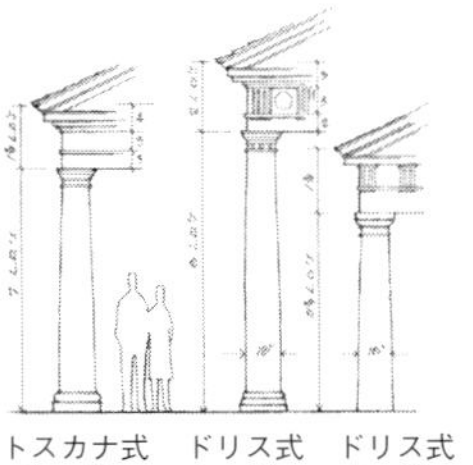

伝統的オーダーの構成部分は、すべて柱の下部の直径に対する比率になっている。柱はその全高さの三分の二以上の部分で内側に曲がっている(細くなっている)。(ここに示されたオーダーは、柱の下部の直径を同じ一八インチにしたものである。)

代の工部大学校(現在の東京大学工学部)建築学科で教育された「設計図書」作成業務と、欧米の建築教育で人文科学として学んだ思想と知識をもとに創作業務をとおして制作される「設計図書」作成業務とは、根本的に違っていた。

人文科学として行われる建築基本設計業務は、建築思想と知識、能力を有する建築家の創意工夫による人文科学的創作業務として行われる。それに対し、わが国の明治以来の建築学を学んだ設計者、または現代の建築士による建築設計業務は、欧米の建築設計とは違い、明治・大正期では西欧ルネサンス様式を正確につくれる意匠設計、また戦後では確認済証が確実に得られる建築主(建築の依頼主)が求めた設計図書を作成するものである。

明治期の工部大学校の建築教育では、設計条件としてルネサンス建築様式による実施設計図書の作成教育が行われていた。そこでは建築家に建築思想を学ばせずに、近代ルネサンス建築様式の意匠の特色を正確に模倣させ、建築製図技術を駆使して実施設計を正確に作成する建築図案の教育であった。

欧米の人文科学としての建築教育では、まず、つくり上げるべき建築設計の「基本コンセプト」をまとめることから始められる。「基本コンセプト」の一つは、建築をする土地の歴史、文化、生活で、尊重すべき性格である。もう一つは、その住宅で生活する人々の歴史、文化、生活と経済的条件を考慮して設定

パラディアン様式
ヴィラ・エモ
設計=アンドレア・パラディオ
イタリア・ファンゾロ
一五五九

アンドレア・パラディオ
『建築四書』

される、その人々の歴史、文化、生活のニーズである。「基本コンセプト」をもとに、建築を行う土地の歴史・文化的特色と、その土地に生活する人が担ってきた歴史、文化、生活の特性を組み合わせて、その土地とそこに生活する人々が将来的に織りなす生活の「ストーリー」と、そこで創造する環境のイメージの特色を「ビジョニング」として明らかにし、基本設計のためのロードマップ(作業指針)を作成する。

この「ストーリー」と「ビジョニング」で構成される住宅が建設され、未来に向けて歩むことになる「ロードマップ」を具体化する。そのためには、建築主と設計者自身の歴史観、人生観、建築思想、社会思想、宗教思想、信条を反映して基本設計条件をとりまとめ、建築主の承認を得て基本設計が始められる。設計者(建築家)による基本設計がまとめられると、基本設計を具体的に施工するための材料と工法を具体的に定めた実施設計(インプレメンテイション・デザイン)が建築家かドラフトマンにより作成される。実施設計に基づき工事費が見積もられ、請負契約に基づいて工事が実施される。さらに工事請負契約に基づき、開発業者または建設業者は建設業経営管理(CM=コンストラクション・マネジメント)計画を立案し、それにより工事がされる。

建設工事が実施設計どおりであるかを監理(モニタリング)するために工事監

パラディアン様式
ヴィラ・カプラ(ヴィラ・ロンダ)
設計=アンドレア・パラディオ
イタリア・ヴィセンサ
一五五六〜一五七〇

アンドレア・パラディオ
『建築四書』

理者が指定され、工事請負契約書どおりに工事が行われる。そこで完成された住宅・建築・都市の環境を熟成するための環境管理に必要な「ハードなルール」(マスタープラン＝基本設計、アーキテクチュラル・ガイドライン＝建築設計指針)と「ソフトなルール」(居住者の使い方、管理方法)がつくられ、そのルールに基づく環境の経営管理が行われる。

この「基本コンセプト」をまとめる段階から環境の経営管理を行うまでの一連の作業の方法とプロセスは、住宅建築設計も都市計画の設計・計画も基本的に同じで、歴史、文化、生活を過去、現在、未来を連続的につなぐ軸足のしっかりした業務として行われる。このような業務をこなせる建築家や都市計画プランナーを育成するために、人文科学的建築知識と設計技術・技能教育が、欧米の建築学教育として行われてきた。

建築学教育――人文科学と建設工学

一八七七年、明治政府はイギリス人建築家ジョサイア・コンドルの優れた業積を高く評価し、ルネサンス建築設計者を養成するため彼を招聘《しょうへい》した。人文科学として建築学を学んだコンドルは、工部大学校での建築設計教育を委嘱された。しかし、明治政府はコンドルに人文科学としての建築教育を行うことを望

パラディアン様式
メルワース・キャッスル
設計＝コレン・キャンベル
イギリス・ケント州
一七二三

まず、工部大学校では近代ルネサンス建築様式の意匠図案教育を求めた。

ところが、欧米では建築家が都市計画を作成することを知った明治政府は、コンドルに首都東京の中央官公庁計画の作成を委嘱した。コンドルは東京の歴史、文化、生活を調査研究し、その都市計画を人文科学的な考察の上で東京の中央官公庁計画(都市計画)をまとめたが、明治政府が期待した欧米人を驚かすような計画ではなかったため、実行に移されなかった。日本の建築教育は、近代ルネサンス様式の建築をつくることを目的としたものであったため、欧米に尊敬されるような、近代ルネサンス様式の建築意匠として高い図案精度を求めた。しかし、建築思想を学ぶ教育は受け入れられなかった。

わが国の実施設計は、近代ルネサンス様式の意匠に対する建築主の要求を条件とした。実施設計をまとめ上げるための基本設計は、建築意匠の方針であって、それをあらかじめ設計条件として与え、その意匠設計条件を取りまとめることを基本設計業務であると教育した。つまり、近代ルネサンスの建築思想を研究し建築設計するのではなく、近代ルネサンス様式の「意匠」を図案として取り入れることを求めたのである。

わが国では、近代ルネサンス様式の建築を高い精度で実現することを目的に設計図書をつくることを建築設計といった。それは、欧米の建築設計のように

パラディアン様式
チズウィック、ロバート・バーリントン・ハウス
イギリス・ミドルセックス
一七二〇代

設計者の建築思想や信条の上に建築環境を創意工夫する人文科学的業務を行うものではなかった。その意味で日本には、欧米の建築教育でいう「建築家による人文科学的な創造的な基本設計業務」は存在せず、辰野金吾以下、近代建築設計者から欧米のように宗教家や思想家が生まれることはなかった。

実施設計は、通常、建築家が基本設計と同時並行的に、設計思想や設計理論と実際の工事とを相互にフィードバックしながら、基本設計を実施設計にまとめる業務として行われてきた。そのため、わが国では基本設計と実施設計とは設計精度の違いで、同じ性格の設計業務として一体不可分の関係で行われた。しかし、欧米の建築設計では、基本設計（理論＝必要条件）と実施設計（実際＝十分条件）は本質的に対立した概念の設計業務である。

本来の設計は、実施設計作業をとおして基本設計の矛盾を発見することもある。確かに基本設計が完成していれば、ドラフトマンを使った入札で実施設計を作成することも可能である。建築物としてのデザインと機能、性能が決められ、VA（バリュー・エンジニアリング）で実施設計を作成する場合、建築家が関係しなくてもシビルエンジニアとドラフトマンにより実施設計をまとめることができる。

明治の近代建築の基本設計と実施設計の関係では、建築主は近代ルネサンス

パラディアン様式
スクェリーズ・コート
イギリス・ケント州ウエスターハム
一六八〇頃

様式の建築物をつくることを条件（指定された様式）に実施設計図書を作成しなければならなかった。そのため、日本では設計入札が一般的に行われ、落札者は建築主のもとへ意匠のモデルを拝借にくることが日常的に行われていた。

設計図書作成にかかわる欧米の「基本設計を行うアーキテクト（建築家）」と「実施設計を行うドラフトマン（建築製図技術者）」の関係では、ドラフトマンには基本設計の作成はできないが、一方、アーキテクトであっても施工の具体的なしかたがわからなければ実施設計をまとめることはできない。基本設計がすでにできている場合には、ドラフトマンは実施設計に取り掛かれる。実施設計には建築設計思想を問題にする必要がないからである。基本設計を前提にした実施設計は、入札によっても実施することが可能である。

明治維新以降、近代建築の基本設計教育はわが国には存在せず、正確な様式の精度の高さがデザインの優秀さと勘違いし、実施設計の作成（トレース・模写）から始まっていた。アーキテクトとドラフトマンとの違いは、基本設計を創作する人文科学的知識、経験を有する建築家か、工事実施に責任がもてる設計図書を作成する建築製図技術者かの違いである。同じ設計の業務に携わり、同じ建築技術を使うことも多いが、基本的に両者は人文科学か建設工学かという異質の知識、能力を必要とする技術者で、その間には優劣の差はない。それぞれ

ルネサンス様式
クィーンズ・ハウス
設計＝イニゴー・ジョーンズ
イギリス・グリニッジ
一六一七に工事を開始

の固有の知識、能力、経験によって業務報酬は異なる。アーキテクトとドラフトマンは職能の違いであるから、それぞれ独立した職能として業務報酬の高さの決め方自体が異なり、建築家の業務報酬がドラフトマンの業務報酬より高いとは決まっていない。逆の場合もいくらでもある。

欧米の建築設計では、歴史・文化と生活に基づく建築思想を具体化するため、創意工夫によって創造される基本設計と実施設計を同時並行で作成する建築家はいるが、基本設計しか行わずにドラフトマンの実施設計を監理する建築家もいれば、ドラフトマンのように実施設計を行う建築家もいる。

明治期のわが国で近代建築設計として始められた建築教育は、欧米のアーキテクト教育ではなくドラフトマン教育であった。わが国では、人文科学としての近代ルネサンス思想を学ぶための歴史・文化・生活教育は一切行わず、建築製図技術者が近代建築の工事のために建築意匠の設計図書を作成することを目的とした建築教育であった。明治時代の工部大学校建築学科で行われた近代建築教育では、建築機能と性能を満たす一般建築構造（ビルディング・コンストラクション）として建築を設計し、それに近代ルネサンス様式の意匠を施す技術教育を建築学とした。

建築意匠設計教育はドラフトマン教育である。しかし、わが国での建築意匠

ジョージアン様式
モンペソン邸
イギリス・ウィルトシャー州サリスバリー
一七〇一

を正確に作成する教育は、関東大震災を契機に放棄され、建築教育の基本が建築構造安全教育に置き替えられた。現在の東京大学工学部建築学科では、アーキテクト(建築家)としての人文科学的教育を行っていなければ、ドラフトマンとしての意匠の実施設計教育も必修科目として行われていない。それだけではなく、関東大震災後に置き替えられた建築構造安全教育も必修科目から消滅し、人命と財産を守るため意匠教育に置き換えられた建築構造教育についても選択教科とされ、建築学科の履修生が共通して義務習得する教科は存在しない。

一九七〇年、私が建設省住宅局建築指導課の建築士班長(課長補佐)として建築士法を担当していたとき、新たに東京大学都市工学科と東京工業大学社会工学科(いずれも欧米のシビルエンジニアリング=建設工学)、防衛大学校の土木工学科(欧米のアームエンジニアリング=軍事工学)の卒業生に直接、建築士の受験資格を与えるべきかの判断を求められた。

建築士法において建築士の受験資格として定められている大学で履修すべき建築教育は、「東京大学工学部建築学科を標準とする」と住宅局内で行政内規が引き継がれていた。そこで基本とすべき東京大学の工学部建築学科を調査したとき、建築学教育としての必修科目が東京大学にはないことを知り、申請学科の建築士受験資格認可の判断に苦しんだ。さらに明治以来の建築教育も調べ、

ジョージアン様式
ベルトン邸
イギリス・リンカルンシャー州
グランサム近郊
一六八四〜一六八八

その調査に基づき現在のとおりの受験資格を、中央建築士審査会会議を経て住宅局長が決定した。

東京大学の建築教育は、欧米の人文科学に基づく建築教育とは異質のもので、欧米の建設工学教育に分類されるものである。東京大学では、建築構造学も実施設計製図教育も義務づけておらず、しかも専攻内容を明らかにする卒業論文も卒業設計もその提出義務はなく、建築教育の標準とは言えるものではなかった。一九七〇年の日米安全保障条約の学園闘争時に大学の建築教育が崩壊したが、その状態が継続していた。

欧米の建築家と日本の建築士

わが国では、建築士法により建築士以外の者が住宅建築設計および工事監理業務を行うことを禁止(就業制限業務)している。建築士の資格を得る条件として、建築士法では大学および高等建築機関で建築教育を履修した学歴と、建築の設計・工事監理の実務経験を受験要件と定めている。しかし、欧米の人文科学としての建築設計教育が行われていないわが国で、実務経験として設計・工事監理のできるところは、一部の建築士事務所等に限られている。

アメリカのカリフォルニア大学バークレー校人文科学部建築学科に留学経験

アメリカン・ジョージアン様式
ウェストーバー
アメリカ・バージニア州チャールズシティ近郊
一七三四

一七一五年以降に建設されたアメリカン・ジョージアン様式の住宅は、一七世紀後半のイギリスのスチュワート様式に基づいている。

のある旧建設省住宅局の元審議官が、日本の建築士および建築士法を紹介することになった。そこで、日米両国の建築技術者を比較したところ、「建築士の実体」に該当する英語が見つからなかった。そこで、わが国の建築教育を吟味、検討した結果、アメリカの建築家に求められている知識、能力、経験および業務が、日本の建築士に義務づけている知識、能力、経験および業務に存在しないことを発見した。アメリカ社会で建築家(アーキテクト=Architect)と呼ばれている職能と、日本の建築士とは、その資格要件とその業務の実体がまったく異質な職業としか考えられなかった。

建築士の英語訳に建築家の呼称(アーキテクト)を使うと、建築士の実態を英米語圏の人たちに伝えられないと判断せざるを得なかった。そこで彼は、「建築士」と「建築士法」の英文表記を、ローマ字で「KENCHIKUSHI」と「KENCHIKUSHIHOU」で記述せざるを得なかった経験談を話してくれた。

欧米では建築学は人文科学(ヒューマニティーズ)学部で教育し、そこでの卒業生はアーキテクトになったりドラフトマンになったりする。ドラフトマンには人文科学の学歴は義務とされていない。材料と工法の専門技術があればドラフトマンとして生計を立てることができる。ドラフトマンには資格はないが、多くの場合、建築家との共同作業をとおして実施設計の作成能力が認められ、

アメリカン・ジョージアン様式 ハンター邸
アメリカ・ロードアイランド州 ニューポート
一七四六頃

実施設計を作成する建築家の設計業務にとって、なくてはならないカウンターパートと見なされ、なかには建築家を上回る業務報酬を得ているドラフトマンがたくさん存在する。

わが国の建築士のための建築教育では、欧米における建築学(アーキテクチャー)という人文科学教育を行うことはまったくなく、欧米の建設工学(シビルエンジニアリング)としての教育もされていない。日本の建築教育は、確認申請用の設計図書(代願設計＝建築主の代理で確認申請出願用の設計図面の略)を作成する教育に終始している。日本の建築学科卒業生が、欧米の人文科学学部の中の建築系の大学院に入っても、学部での人文科学教育を受けていないため、個人的に努力しても建築系の大学院教育にはそう簡単にはついていけないだろう。そこで、大学院では「学部から建築教育を受けたほうが早道である」と言われる。日本の建築系大学や大学院で建築工学を学び、欧米の建築系大学院に入った者もいるが、独学で学部の建築教育を学び、または、建築事務所で働き実務をとおして設計業務を学んだ者は、建築設計者や都市計画実務者としての知識と能力を蓄積している。

アメリカン・ジョージアン様式
ウェストワース・ガードナー邸
アメリカ・ニューハンプシャー州ポーツマス
一七六〇

住宅設計業務（設計内容と住宅価格）の理論と実際

欧米では住宅設計をする場合、設計作業は建築教育同様、住宅立地の人文科学的条件と建築主の人文科学的条件を調査し、同時に、住宅不動産の経済環境と建築主の家計支出能力を設計条件として設計の基本コンセプトにまとめることから始められる。そのコンセプトの下で、建築主の家族の属性とライフスタイルを考えて、「わが家」と帰属意識のもてる個性豊かで生活上のニーズ（デザイン、機能、性能）に応えられる住環境を設計する。このように設計された住宅は、建築主の成長とともに変化する生活環境要求に応えた環境経営管理と同時に、その住環境の経済価値がどれだけであるかを評価されることになる。

住宅は個人の家計支出の中で最大の支出（投資）であるため、その住居費負担は設計条件の中で最も重要である。さらに、住宅は個人の将来の生活にとって資産管理上重要であるため、個人の住宅購入は投資でもある。投資に対し資産価値増（キャピタルゲイン）の得られる環境管理がなければ、住宅投資は継続しない。住宅は計画修繕と善良管理を行うことで、新築時の効用（デザイン、機能、性能）を持続し、常に高い需要に支持される結果、その価値はその時点で住宅を新築したときの推定再建築費として評価される。またその価値は、新築時から経過年数分の物価上昇を上回る資産価値増を約束する。

アメリカン・ジョージアン様式
コービット邸
アメリカ・デラウェア州オデッサ
一七七二〜一七七四

住宅設計業務としては、建設工事を適正に行うことと合わせて、建設後の住宅環境管理の方法としてハードなルール(マスタープランとアーキテクチュラル・ガイドライン)とソフトなルール(近隣環境の環境管理ルール)があることは前にも述べたが、さらには環境管理主体(HOAまたは地縁共同体)に全員強制参加する自治統治を決めることが必要となる。その技術が「三種の神器」と呼ばれる住宅地経営管理技術である。

欧米でも住宅建設費は世帯年収の三~五倍以上の高額であることから、できるだけ無理《むり》・無駄《むだ》・斑《むら》を省き、世帯年収の三倍以下に収まるよう努力している。そのために、住宅建設工事費の見積り段階で建設工事費の管理を行うことが必要となる。その技術が、品質管理、原価管理、時間管理で構成されるCM(コンストラクション・マネジメント=建設業経営管理)技術である。

住宅の不動産鑑定評価と工事費見積りとは、基本的に同じ内容である。工事請負契約に用いる設計図書により工事費の見積りができ、完成した住宅の経済価値を見積もることができる。設計者が設計図書をもとに建築主の予定した建設工事費でできることを証明する見積りが「設計見積り」である。設計者が設計見積りにより作成した設計図書が、建築主の求める価格でつくれる住宅の実施設計図書(成果物)であることを証明する資料となる。

アメリカン・ジョージアン様式
チューリップ・ヒル
アメリカ・メリーランド州アナランデル郡
一七四五~一七八五頃

建築主がその設計図書で工事費について入札した場合、通常、設計見積り額より安く建設できなければ、その設計図書は建築主の設計条件に合わないため実用に供することにはならない。アメリカの実際の入札工事価格では、建設業者はそれぞれその得意分野で材料や労務の調達を有利に行い、施工条件を厳密に設定し、建設業経営管理（CM）能力で工事に介在している無理《むり》、無駄《むだ》、斑《むら》を排除し、工期を短縮し、生産性を高めることで、工事費見積りが設計見積り価格より一〇～二〇パーセント以上安くできている。作成した設計図書が建築主の求める価格でつくれるものでなければ、その設計図書は工事に使えない瑕疵の設計ということになる。

「瑕疵（ブリーチ・オブ・コントラクト）」とは、契約の不履行をいう。物理的な欠陥に限らない。アメリカの瑕疵事件の中で、購入額とかけ離れた価格でしか転売できなかった事実も「瑕疵」との判決が出ている。アメリカの建設業法としてはコモンロー（慣習法）である。設計図書においても、建築主の指定した金額でできない設計は瑕疵となる。

住宅建築に必要とされる材料の量と価格、そして工事に必要な各種建設技能者の品質と技能量（時間）と労賃が設計見積り額以下で調達できなければ、工事は実施できない。工事を実現するための材料費と労務費の見積りには、正確な

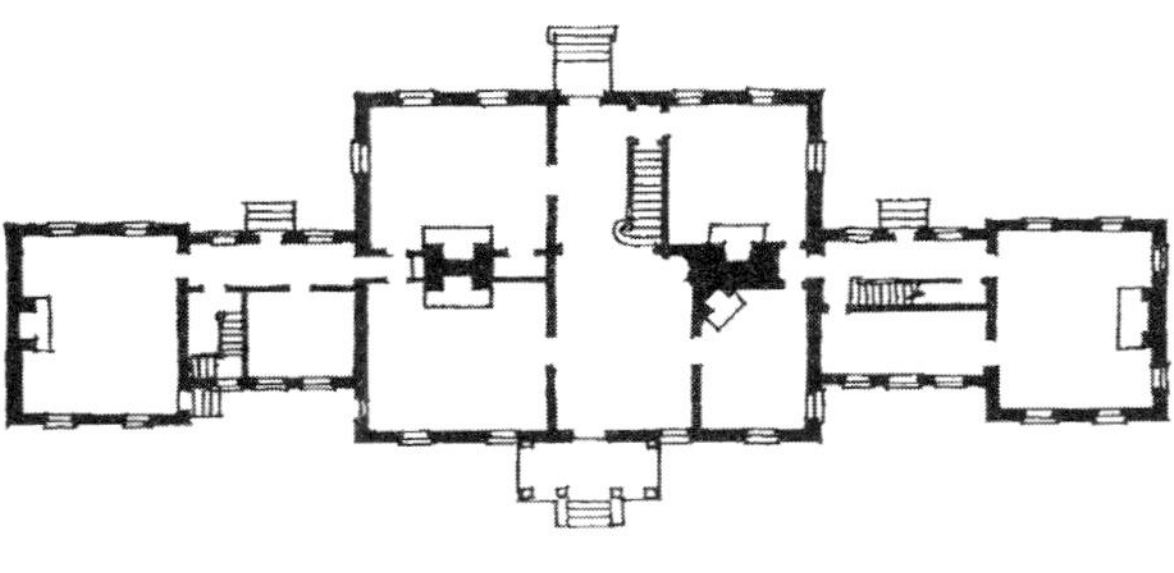

左右対称平面が特徴

実施設計図書が不可欠である。工事費見積りのできる材料と工法、工事費を特定できる実施設計図書を作成する人こそがドラフトマンである。施工者が請負契約書に添付する設計図書には、施工業者が作成した工事費見積書の提出が義務づけられる。

一般にこの工事費見積りは「施工見積り」と呼ばれ、施工業者が工事費の見積り段階で建築主の立合いのもと、設計者または工事監理者との間で行われた工事内容に関する質疑応答の議事録とともに、正式な工事内容を確定するための工事請負契約書の添付図書の一部とされる。同じ設計図書を使っても、「設計見積り」と「工事費見積り」とは別のもので、建設業経営管理（CM）のしかたや、建設業者ごとの施工管理の方法と特性によって見積り額に相違が生まれる。

わが国では、欧米のように見積りができるような精度の高い実施設計図書は作成されていない。なぜなら、わが国の大学ではCM教育が行われていないからである。

ニューサザン・コロニアル様式
サザン・ハウス

イングリッシュ・コロニアル様式でアメリカ南部に建設された。

2——建築家の誠実業務

建築家の「誠実業務」——等価交換できる設計業務

わが国では、建築士は設計および工事監理業務に関し、建築基準関係法令事項を満足させなければならない。これをコンプライアンス（法令誠実業務）という。建設工事は、経済学的要素だけでなく、ライフスタイルや帰属意識のもてる社会的・人文科学的要素を建築主の依頼どおり実現する業務も、建築士法第一八条に定めている「誠実な業務」履行の内容で、重大なコンプライアンスである。しかし、わが国では建築基準法等の物理的規定の法令遵守に限ってコンプライアンスということが多いが、それに限定するのは間違いで、建築主の要求に応える業務に対する法令違反の関心は非常に低い。

設計者も施工者も建築主の支払い能力の範囲での住宅を供給し、その請負工事費は住宅の価値を示さなければならない。しかし、わが国ではそのことには無頓着で、工事費見積りは最初から最後まで概算の相場、つまり「材工一式」の坪単価で話が進められている。材料費や建設労務者に実際に支払われた金額は建築主には知らされることはない。直轄工事で実施していたら、建築主の使

アーリー・コロニアル様式
ペントの付いた住宅

自然石（コブルストーン）を石積みし、ペント（庇）を付けた最も古い時代の住宅。

用した材料や工法、労務の数量や単価を知らせない工事などあり得るはずがない。建設業法で禁止している「一括下請けの禁止」の規定は、材工分離による数量と単価、すなわち工事費内訳を明確にしない下請けの禁止を指している。

東京都の豊洲市場問題では、百条委員会で、かつての都知事が知事としてやるべき巨額な予算支出業務を、巨額な知事業務報酬を手に入れながら副知事に丸投げ(一括下請け)して、業務責任をまったく感じていないことが明るみにでた。業務報酬を得て丸投げすることは、地方自治法上の知事権限行使のコンプライアンス違反であると言わざるを得ない。

建築士法上の業務でも、誠実業務履行の規定は置かれている。設計上の誠実業務とは、設計条件どおりの業務の履行で、その品質が適法であるとともに、工事費予算額でつくることができる設計でなければならない。ところが、等価交換として住宅を設計し、施工する建築教育の基本が学校教育としてなされていないため、工事費と切り離して設計・施工業務が行われている。設計図書がおおざっぱで、工事費見積りも概算しかできず、工事監理者による同等品承認を受け、請負契約額の範囲で工事を納めさえすれば誠実業務と見なされてきた。工事完了段階に請負契約添付設計図書を、実際の工事図面と差し替える背任行為が、特記仕様書に適合した誠実行為と見なされてきた。

アーリー・コロニアル様式

ダッチ・コロニアル様式の都市型住宅

一階窓の下半分のみのセパレート式鎧戸は、ダッチ・コロニアル様式の特色をもつ。

それ以上に問題とされるべきことは、建設工事に必要な現場での工事を確定する実施設計の設計図が、二次元の基準軸線の上で取り合う概略面でつくられ、現場での工事を具体的(三次元)に特定できないことである。つまり、実施設計図書により現場の工事の納まりが確定できないために、工事費の見積りができない。その事実を放置し、建築基準関係法令適合を確認する目的として、確認申請の添付図書である設計図書を、建築士法および建設業法上の設計図書と見なす杜撰(ずさん=杜甫の詩選がでたらめだったことが語源)な業務が行われているのである。

建築教育ではその杜撰な設計図書の作成を大学の建築学科の設計教育で行い、それが不誠実業務の蔓延の遠因となっている。杜撰な設計図書を使い、不等価交換を容認する工事費見積りを用いて工事請負契約が行われている。それらの建築設計業務が不誠実業務とされないことが、国の行政上の誤りである。

材料(三次元)によって、壁心または柱心の二次元の基準線では実際の材料を取り合わせることはできないため、工事の納まりは基準線上の図面からは読み取ることができない。工事が具体的にわからなければ、当然工事費の見積りはできない。設計者は、自分の作成した設計図書で「設計見積り」をしていないために、住宅の工事費を正確に把握することができないのである。そこでは延

アーリー・コロニアル様式
ダッチ・コロニアル様式の都市型住宅(ロウハウス=連続住宅)
妻壁の階段型は「クローステップ」といい「ダッチゲーブル」ではない。

べ面積に「材工一式」の相場の坪単価で計算されているため、工事費はあくまで概算の価格である。学校において工事費見積りの教育がまったく行われていないため、設計者の多くは、自分が設計した設計図書で工事費の見積りができないことを当然の設計業務であると誤解し、それですませている。

工事請負業者も同様で、延べ面積が同じならば、工事費もほぼ同じであると勘違いしている。実際の工事費と切り離した概略単価で、建設工事の相場を目標にして設計図書が作成され、その設計図書に合わせた工事費見積書の概算額で工事請負契約が締結される。実際の工事では、請負工事費の中で期待した粗利は確保されている。そのため、工事が終了して工事費の清算をしなければ、工事で得られた利益も確定しない。設計者は工事費に対して無頓着に設計図書をまとめるため、下請けたたきをし、また施工者は工事段階に入ってから工事監理者より工事内容の承認を受け、予算額で収まるような、手抜き工事による材料探しと施工方法とが決められている。

建築士法および建設業法では、建築士が設計した設計図書により、建設業法に基づく工事請負契約を締結し、実施される建設工事に使われる材料や労務の数量、単価を明瞭にするべきことを定めている。それができない設計図書、すなわち、実施設計図書の不存在は建築士の業務不履行となり、工事費見積りを

ダッチ・コロニアル様式
ダッチ・コロニアル様式の農村型住宅

正確に行わない工事請負の契約は工事業者の業務不履行となる。しかし、わが国の現実の工事では、確認申請書に添付する設計図書を建築士法上および建設業法上の設計図書として扱う欺罔《ぎもう》が、一九五〇年の建設三法の立法当時から行われてきた。建設三法の施行が誠実業務の履行を妨害してきた。

設計者・施工者は、建設三法のすべての段階で、工事請負契約の実施を「材工一式」の概算単価で請負契約額の範囲でまとめれば、誠実業務の実施と見なしてきた。材料および工法の変更理由を建築主の承認も受けず、「同等品と用意した選択肢」の中から、工事段階で建築主に材料や選択をさせてきた。工事業者が「材工一式」の概算単価の範囲で材料と労務手間を変更しても、工事監理者の承認を得たことになれば違法性はないとされ、建築主に変更工事の選択をさせたことにすれば、建築主が設計・施工に参画したことと勘違いさせることができる。つまり、設計・施工の責任を建築主に転嫁し、施工者の工事予算で工事を収める不誠実業務が、公共工事で率先して行われてきた。

建築主側の専門的知識・経験、建築情報不足を悪用し、設計図書の曖昧さと「材工一式」の概算見積りにおいて、設計者および施工者の不誠実な業務を当然の業務として行うことに、国は正当性を与えてきた。また、設計・施工一貫工事や、設計者と施工者双方の不正な業務のもたれあいの隠蔽《いんぺい》により工事費が

アメリカン・ジョージアン様式
マウント・エアリー
アメリカ・バージニア州ワルソー
一七六二頃

不明瞭に膨張し、または契約品質が悪化させられてきた。その玉虫色の不正業務の原因となっているものが、工事内容を確定できない確認申請用の設計図書を「設計および施工用の設計図書」にしていることにある。そのような設計図書を使って材料の数量を概算見積りする方法が建設業法上の積算手法として承認され、実際と乖離した概算が工事請負契約の前提の工事費(積算)見積りとされている事実は、建築士法上および建設業法上の不誠実業務の根幹にある。

国はこれまで、概算工事費で請負契約を結んでよいと認め、請負契約額の中で、施工業者の都合で損失を出さないですむ設計内容と仕様変更を工事監理者が特記仕様書を根拠に容認し、建築士法および建設業法上正当としてきた。

私は、旧建設省時代に積算士試験委員として試験制度の制定作業と、それに合わせた最初の試験問題の作成にあたった。そこには積算のしかたのルールはあるが、実際の設計図書とは乖離した確認申請用の設計図書をもとに、概算を正当と見なす積算方法であった。確認申請用の設計図書からは、材料および労務を正確に見積もることはできない。その設計図書を建築士法および建設業法上の設計図書とし、工事費を「材工一式」の平方メートル単価で概算する方法を、国が正確な見積りの積算技法と認め、工事費請負額と認めてきた。

わが国には「出精値引き」という慣行がある。これは、工事業者が「精を出

マウント・ベルノン増築

1758～1774(2階増築)

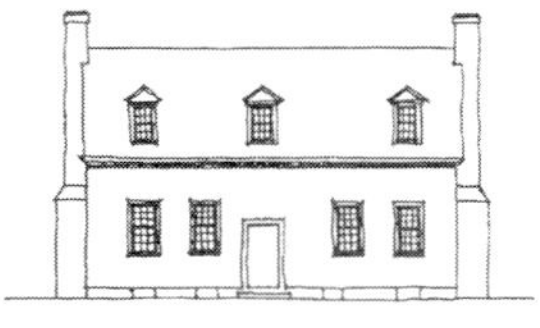

1735～1757(平家住宅)

して請負価格を値引く」ことをいう。設計図書も見積書も不正確で、請負契約を締結しても工事内訳を確定できない。積算基準では施工業者に対して安全側に定められており、その見積書によって建築主から了解を得やすくするために値引きをする慣行がある。請負契約段階において、施工業者に有利に決められた工事代金を「誠意を示し」値引きする言葉が「出精(誠)」で、日本的な「誠意」の示し方である。建設業者は出精値引き分を仕様変更や下請け業者に転嫁し、実際上は値引きをしても元請業者は損失を出さない。私がかつて民間建設業の役員であった頃、社長から「出精値引き額は下請に転嫁することが建設業界の慣行で、その社会常識に逆らうな」と指示を受けた。「出精値引き分」の下請業者への転嫁に、建設業法上の正当性はない。

一九九〇年代、輸入住宅が盛んになり、住宅生産性研究会(HICPM)が工務店の体質改善に向けてアメリカの建設業経営管理(CM)の技術移転に取り組んでいたときのことである。参加した工務店から「工務店経営とはそのような経営技術を習得しなければいけないのですか。自分の周りの工務店経営者は相場単価で工事を受注し、粗利として見積り額から二割から三割を抜いて、下請け業者に仕事を配るだけです。経営の基本はいかに受注を確保するかです。輸入住宅は政府が推進している人気事業で受注しやすい手段と思い、息子と一緒

1775～1787

マウント・ベルノンは一七三五年頃、ジョージ・ワシントンの父によって建てられた。典型的な、見栄えにこだわらないコロニアル様式のファームハウスだった。一七三五～五八年にジョージアン様式の建築詳細を取り入れて増改築された。南北戦争の間に再度改築、一七八七年までに現在の姿になった。

に研修に来たのです」、また「工務店業務は集客をし、相場単価で請負契約を締結し、下請けに仕事を分配する手配師の仕事で、その業務は大手のハウスメーカーから零細な工務店まで皆同じです」と言われた。私は「それは建設業法にいう建設業者ではありません」と説明をしたが、「設計図書を理解し、原価管理、時間管理、品質管理をやらなければいけないと言われても、専門的知識も能力もなく、それらの技術を学ぶ意思もないので工務店を続けられません」と言い残し帰って行った。

わが国では、工務店での業務の前提となる設計図書を作成する建築教育は存在せず、建築士業務もその具体的な業務基準はない。工事を行う建設業者の業務も建築士法および建設業法で抽象的に定められているが、違反した業務が行われても行政処分を受けることはない。その理由は、正確に工事のできる設計図書がなく、正確な工事費の見積りが行えないからで、設計、施工の監督行政も行政担当者自身、設計図書が読めず、工事費の見積りをする知識も能力もない。建設行政職員で設計、施工の業務をまじめにできる人材は、直営工事をしている官庁営繕の技術者を含め皆無に等しい。

フェデラル（連邦）様式エルミタージュ／アンドリュー・ジャクソン邸
アメリカ・テネシー州ナッシュビル近郊
一八三〇代

わが国の特異な住宅設計と住宅地環境設計

わが国における建築設計は、土地と建築物は独立した別の不動産とする民法上の規定に従っている。そのため、欧米のように「住宅は土地を建築加工する住環境設計」の概念は、わが国には存在しない。建築物は土地とは独立して設計され、建築物を敷地のどこに建設しても大きな違いはない。建築物の建っていない土地は無意味な「空地」と扱われ、駐車場や物置などに適当に扱われる。

最近では、家庭菜園や園芸用のガーデニングが登場してきたが、住宅販売の客引きのためにつくられることも多い。家庭菜園も庭園も手間、費用がかかる。適正管理をしなければ、半年も経てば菜園も庭園も荒れ、そのうち駐車場に代わり、生活を豊かにするガーデニングの人文科学的な計画はやがて消滅する。そのため、日照日射の得られない庭は言うまでもなく、国内に見る欧米式のクラインガルテンや庭園は年とともに衰退している。

地価の高騰により広い敷地の確保が困難になっていることから、住宅の配置計画は自動車を駐車するように押し込めるか、駐車スペースを先取りした残りの空地に、集団規定を設計条件に住宅を押し込めている。住宅からの眺望や街並み景観を検討するといった人文科学的な計画作業など、環境設計や住宅設計を行う建築教育はもはや存在しない。最近ではゼロエネ住宅のため、各居室の

パラディアン様式
トーマス・ジェファーソンによるモンティセロの最初のかたち

採光面積や換気面積の確保から設計が始まり、隣地への影響を無視して太陽光受光版が取り付けられ、外壁の開口部は室内の採光条件で決められている。開口部の前に隣地の住宅の壁が立ちはだかるといった設計をよく見受ける。確認申請用の設計は適法にすることしか問題にされず、外観の貧しさは住宅が建設されてから気づくことが多い。相隣関係や植栽等の住環境設計がなければ、居住者の生活に豊かな造園はできない。

造園・外構工事の工事費見積りは、設計段階で造園設計はされないのに登場する。最終段階で見積もられた予算の中で、住宅販売引渡し時点の見栄えを考えた「粗隠し工事」ともとれる植栽材料の選択肢が提示され、採光不足で立ち枯れの結果は、建築主の自己責任と言われる。本来の人文科学に立脚した設計においては、生活とともに熟成する住環境として、敷地全体を建築加工するための配置設計と一体的に建築設計されなければならない。その設計を裏づける材料と必要な技能力が工事内容として明確にされなければ工事費は見積もれない。また、入居後、住環境を維持向上させる園芸や農業技術が居住者に引き継がれることがなければ住環境は守れない。

わが国の建築教育は、欧米の建築教育で扱う人文科学教育のうち、歴史と文化は文学、歴史学、芸術学、園芸学で、生活は社会学、家政学、住居学で扱い、

グリーク・リバイバル（ギリシャ復古）様式
ウッドランズ
アメリカ・ペンシルベニア州フィラデルフィア
一七八七～一七八九

建築の設計・施工は建築学で扱われる。欧米の人文科学としての建築学は、わが国の学校教育から抜け落ちている。国民の住宅、建築、都市を粗末にしてきた政府は、学校教育から人文科学を廃止しろと言っている。基本設計が不在のまま実施設計が行われ、設計業務の内容が確認申請用の設計図書作成と、住宅政策に対応する住宅品質、住宅業者の販売促進のための「差別化」の企画とデザイン、造園・外構設備が建築教育の中心となっている。

建築学で教育する性能は設計性能であって、実際の性能設計ではない。実体性能がなければ欺罔《ぎもう》したことになり、実際の実現性能を評価する計測技術とそれを行う計測機関がなければ、性能保証にはならない。政府は設計性能があれば実体性能が具備されていると見なしているが、その行政は基本的に間違っている。同じ住宅でも立地条件により性能は相違する。

その一方で、建築法規と建築性能の教育時間が比重を増し、確認申請に使われる適法とされる建築設計図書の作成を、建築主のニーズに応える建築設計図書と同じものであるとする間違った教育が、建築設計を歪めている。確認申請書に添付している設計図書は、その計画が建築基準関係法令に適合していることを確認する目的でつくられる。しかし、建築士法および建設業法上の設計図書は、建築主の要求を満足した建築工事を、建築主の支払い能力の費用で建設

グリーク・リバイバル（ギリシャ復古）様式
ペンシルベニア州フィラデルフィア近郊に建つアンダルシア、ニコラス・ビドル邸
一八〇六～一八〇七年にベンジャミン・ラトローブの邸宅にグリーク・リバイバル様式を、さらに一八三三～一八三四年にトーマス・U・ウォルターが付け加えたもの。このドーリア・オーダーを用いて建てられた住宅。

するために作成されるものである。建築教育と建設行政は、確認申請用で作成された設計図書を、建築士法上および建設業法上の設計図書と勘違いさせてきた。わが国では、建築物の工事図書として使用できない設計図書を工事請負契約に使用させ、工事見積書は正式の工事請負契約図書としない扱いがされてきた。設計図書で工事請負額の内容を特定していないため、不等価交換販売と不等価交換金融の原因をつくってきた。

建築教育の中の建築史教育では、様式分類を教えても様式の歴史や文化、建築思想に基づいたその設計・施工の方法を教えていない。欧米の建築教育で教えている知識や技術は、日本の建築学の学校教育ではカリキュラムにもなければ、教育できる教師もいない。最近、デザインが顧客を引きつける大きな要素と認識されるようになって、流行のデザインで集客する教育が重視されている。本来、建築デザインは歴史・文化的な建築物の個性として学ぶべきである。しかし、わが国では流行、人気をデザインによって「差別化」する教育がされ、人文科学的にデザインを学ぶ教育は行われていない。実際の教育現場では、建築様式は建築士試験での出題数が少ない上、建築の歴史教師が存在しなかったり、それを学ぶためのテキストも用意されていなかったりと、初めから教育することも学ぶことも放棄している大学と学生が多い。

グリーク・リバイバル（ギリシャ復古）様式
映画「風と共に去りぬ」の主人公の邸宅

建設工事費の見積りと、実際の工事費調整

建設業法に工事費見積りの規定があるが、設計工事請負契約書の添付図書に付けられた確認申請書の添付設計図書では、建設業法どおりの正確な工事費見積りができないため、「材工一式」の概算見積りとなる。その最大の理由は、実施設計が存在せず、設計基準線上に図面が描かれている確認申請書の添付設計図書を工事請負契約の設計図書とした結果、現場の工事納まりがわからないためである。そこで、工事のつど、納まり図を作成しなければ工事費も確定しない。設計内容が曖昧な設計図書と「材工一式」の曖昧な見積りは、工事請負契約の前提にはできない。すべての工事が概算で進められ、工事が完了して工事費の精算をするまで、実際にかかる工事費用がわからない。

その上、わが国では「設計図書が見積書に優先する」建設行政運用により、工事費見積書は参考扱いにされている。そのため、建築確認申請書に添付されている設計図書では、工事費管理、品質管理および工事工程管理を正確に行うことは不可能なのである。現在の確認申請書添付設計図書では、合理的な建設業経営管理(CM)業務は行えない。大規模な建設工事現場の管理では、業種別の複数の業務に下請けをさせる業務(重層下請管理)を工事管理といい、CMの専門技術をもたない現場監督では工事管理(工事資金、工事品質、工程時間)な

リンドハースト邸
設計＝アレクサンダー・J・デービス
アメリカ・ニューヨーク州
一八三八～一八四二、一八六五～一八六七
この邸宅は、ハドソン・リバー・ゴシック・リバイバル様式による住宅の最大のものである。

どできないのは当然である。実施設計図書が存在しないため、下請工事業者間での工事の取合いは設計図書に記載されておらず、工事段階に入ってから現場打合せで調整し、納まり図を作成せざるを得ない。

設計図書に基づく誠実業務の履行を「建設三法」上で規定していても、設計図書が不正確で業務基準が抽象的となり、業務が乱れている状態を建設行政自体が容認してきた。そのため、行政法上の業務不誠実の責任追及を行うことはできない。

わが国では、建築工事を合理的に行うための設計図書は、標準化、規格化、単純化、共通化が行われていないため、共通性のある実施設計を作成することが難しく、工事請負契約に耐え得る設計図書を作成するとすれば、工事ごとに詳細な実施設計を作成しなければならない。また、合理的な設計図書とそれに基づく工事費見積書での工事は、見積書どおりの工事は非現実的である。実際に工事を確定する実施設計の作成は可能であるが、設計図書に対応する工事が確定できず、正確な工事費見積りができない。それは、設計と施工が建設技能によって結ばれていないためである。

これは、わが国で建設業経営管理（ＣＭ）技術が育っていないためで、ＣＭ技術なしでは工事現場はたちまち破綻を招き、計画どおり工事を進めることがで

ゴシック・リバイバル（復古）様式
ストロベリー・ヒル
イギリス・ロンドン郊外トゥイッケナム
一七五〇～一七七六

きない。CM能力の不足により発生する工事費リスクを、玉虫色の設計図書と「材工一式」の工事単価で住宅購入者に気づかれずに住宅品質を引き下げ、工務店の工事請負利益を確保することで処理している。合理的な設計図書の作成と工事費見積方法自体が存在せず、合理的方法があってもわが国で教育されないため、合理的な設計図書の作成と工事費見積りができないのである。

設計図書で判断できないことは、すべて特記仕様書や現場での「工事監理者の承認および指示の規定」を口実に、現場工事に依存している。そのことが工事段階に入って曖昧な部分を決定することになり、現場における工事生産性を著しく悪くしている。事態を悪くしているのは、設計図書で決めきれないことを特記仕様書に譲るという設計責任の回避がなされていることにある。そして、現場の工事が請負契約工事費を上回るおそれが生じた場合には、施工者から工事監理費、またはそれに相当する賛助会費を受けている工事監理者は、工事施工者に迎合し、工事費が請負主と合意された請負総額で収まるよう設計変更をする。建築士法に違反して、その言いなりに手抜き工事をすることに承認を与えてきた。

わが国では、建設業者に工事請負契約書どおりの工事を要求することは、建設業者に損失を与えるかのような勘違いがあり、契約どおりの工事を施工者に

ピクチャレスク(絵画的)様式
レッド・ハウス/ウィリアム・モリス邸
設計=フィリップ・ウェッブ
イギリス・ケント州ベクスリヒース
一八五九
アーツ・アンド・クラフツ様式

強要できないでいる。それはわが国の設計・施工の馴れ合い体質のためである。そして、設計図書と工事費見積りのいずれもが相場の単価を目安にした不正確なものであるだけではなく、設計者と施工者が暗黙裏に粗利を確保する前提で曖昧な設計図書がつくられ、概算見積りが行われている。

「工事管理」(マネジメント)と「工事監理」(モニタリング)とが混交され、現場で工事監理者に不正な裁量を許す体質になっている。本来、請負契約当事者には請負契約書に添付された設計図書どおりの工事を実施する義務があり、請負契約代金によって工事内容が左右されるべきではない。契約工事代金とつじつまを合わせる工事を許せば、法令上の規定の「第三者監理」は実際上守られず、逆に、工事請負契約書を事実上踏みにじることになる。

建築主は、直接「もの」として返ってこない工事監理業務に費用を支出したがらず、その反面、「もの」をつくる工事施工者にはお金を支払う。そこで施工者は、工事監理業務費を工事費の一部であると建築主に勘違いさせ、請負工事費内での工事が行えるように幇助《ほうじょ》するといった違法な工事監理業務が行われている。このルーズな行為は、設計・施工一括請負の歴史とともに、工事段階でごまかしのきくような曖昧な設計図書の作成として請負契約の前提に組み込まれている。

ピクチャレスク(絵画的)様式
マナー・ファーム
設計=バシル・チャプネイズ
イギリス・ロンドン・ハムステッド
一八八一
イングリッシュ・クィーン・アン様式

欧米における工事費見積り詳細は、工事費の見積り段階で、建築主の立ち会いのもと、建設業者が設計者に設計図書内容を確認して作成するもので、これが正式の工事請負契約内容であり、設計図書よりも優先される。

欧米の建築設計と日本の近代建築設計

わが国では、確認申請書の添付設計図書を工事請負契約書・実施設計図書とする間違った慣例のため、住宅建築設計業務の基本的な疑問に、住宅政策、住宅建築行政、住宅建築教育界および住宅建築産業界は的確に答えられない。その基本的な理由は二つある。

第一に、明治時代に工部大学校建築学科で実施された建築学は、意匠教育として始められたことである。その教育は欧米の人間の歴史、文化、生活の「場」という人文科学でもなければ建設業を合理的に実施するためでもなく、正確な意匠の建築をつくることとされ、設計・施工一括の請負業務として実施された。その建築設計業務の実態は、設計どおりの意匠の建築物を完成させる請負業務とされた。一九七九年に設計業務報酬規程が欧米の設計業務報酬の理屈に倣って詳細に規定はされたが、それまでは請負工事費の一〇パーセントというように工事費の一部とされていた。

ピクチャレスク（絵画的）様式
ウィリアム・カールソン邸
設計＝サミユエル・ニューサム、ジョゼフ・ニューサム
アメリカ・カリフォルニア州ユーレカ
一八八四
典型的なアメリカン・クィーン・アン様式

一方、建築士法第二五条（業務の報酬）は、占領軍の指導で、アメリカの設計が歴史、文化、生活を考え、建築家の創作活動で行われていることを具体化したものである。建築家の技術、能力、経験と作業時間により行われる設計業務は、入札には馴染まない委任業務とされた。しかし、わが国の建築教育では、設計者の建築思想に立つ創作的な設計ではなく、実施設計は正確な意匠（図案）をつくる作業とされ、明治時代からの設計は近代ルネサンス建築の施工図面の作成であったため、欧米の業務報酬基準の対応は行われていなかった。

第二に、第二次世界大戦後の建築基準法の全国適用の結果、建築基準法上の確認申請書添付設計図書の作成を、建築士法および建設業法上の建築設計図書作成と勘違いした建築行政が行われてきたことである。設計・施工実務を知らない教師によって建築教育が行われてきたため、建築士法、建設業法で作成する設計図書が建築基準法上の設計図書と同じ設計図書であると勘違いをしていた。それは、建築教育に携わる教師に設計・施工業務の知識と経験が不足していた上、建設行政上の法律知識がなかったからで、建築士資格試験で確認申請書に添付する設計図書が建築士法および建設業法上の設計図書と誤解され、同じ設計図書の名称が使われた結果、同一の扱いがされてきた。

ピクチャレスク（絵画的）様式
セシンコート／コロネル・ジョン・コッケレル邸
設計は兄弟であるS・P・コッケレル
イギリス・グロスターシャ州
一八〇三頃

3——四つの近代建築設計

わが国に導入された近代ルネサンス建築教育

明治政府が工部大学校に建築学科を創設して始めた建築教育は、欧米の建築教育を持ち込んだような体裁をとっているが、欧米と同じ人文科学としての建築学教育ではなかった。明治政府の建築教育の目的は、わが国が住宅、建築、都市において欧米先進国と比肩できる文明国であることを示すためであった。明治以来の住宅、建築、都市教育は、近代ルネサンスの意匠建築をつくることに主眼が置かれ、わが国の伝統的建築設計を含み、人文科学的に住宅、建築、都市をつくり上げる世界の建築設計者教育ではなかった。西欧列強の住宅、建築、都市に比較して、施工精度の高いルネサンス意匠の建築がつくれることを示すことが、建築教育の目的であった。

わが国の木造建築技術や職人技術は、技能として江戸時代に人文科学的な合理性に裏づけられて確立していた。一方、明治時代の建築教育において、レンガ建築のような組積造、鉄骨造、鉄筋コンクリート造に関しては、新しい建築施工技術を学ぶため建設工学(シビルエンジニアリング)を西欧に学んだ。わが

ピクチャレスク(絵画的)様式
ロイヤル・パビリオン
設計＝ジョン・ナッシュ
イギリス・イーストサセックス州ブライトン
一八一八頃
グロテスク様式(インドおよび中国様式)

国で欧米から受け入れた建築教育は、国民の歴史、文化、生活要求に基礎をおく建築思想に立脚する欧米の人文科学建築教育ではなかった。明治政府は欧米からレンガ造、鉄骨造、鉄筋コンクリート造等の技術を導入したが、左官、建具、造作、屋根、木工事等の技術は海外に求めていなかった。

近代化の国家づくりの象徴として、近代ルネサンス建築や車両の走る街づくりが欧米のすべての諸国で広く行われていたことを明治政府は知り、不平等条約を改正すべく、近代日本の建築や都市を近代ルネサンス建築でつくる政策が取られた。わが国には建築施工技術と技能をもつ職人集団があり、それらの力で欧米の近代ルネサンス建築を建設することは可能と判断し、近代ルネサンス様式建築をつくるために必要なものは、意匠に必要な精度の高い図案の実施設計図書を作成する建築設計教育であると考えた。

わが国には明治から大正時代までに、本章の冒頭に掲げた四つの種類の建築デザイン、工法が導入された。そのうち、バンガロー型式のクラフツマン様式によるツーバイフォー(「バルーンフレーム」と呼ばれる現在の枠組壁工法)住宅は、大正デモクラシーの時代、フェミニズム運動(青鞜社)とともに一九世紀末に興った建築様式(アーツ・アンド・クラフツ様式)の普及の波に乗り、あめりか屋が民間ルートで日本に持ち込んだ住宅工法である。明治時代、北海道開

ウィリアム・ワッツ・シャルマン邸
設計＝ヘンリー・ホブソン・リチャードソン
アメリカ・ロードアイランド州ニューポート
一八七四
アメリカで最初のクィーン・アン様式とする見方もある。

拓使の事業のため、ホーレス・ケプロンがわが国への導入を勧めた通し柱（枠組材）を使ったバルーンフレーム工法同様、第二次世界大戦によってアメリカからの技術交流は断絶し、現行の枠組壁工法に直接連続する歴史をもたない。

北海道開拓使とケプロン元農務長官が進めたバルーン工法

明治時代のわが国にとって、食糧問題は富国強兵の国家づくりに重要な問題であった。一八七二年、東京・芝の増上寺の方丈二五棟を購入して設置された開拓使仮学校（札幌農学校）は、わが国の最初の農学校として食糧増産を進める北海道開拓と一体的に設立され、一八七五年に北海道の札幌に移された。寒冷地である北海道を開発するために、政府は札幌と同じ緯度に首都があるアメリカからホーレス・ケプロン農務長官を招聘《しょうへい》し、北海道開拓に取り組むことになった。

当時、ロシアの南下政策が始まっており、ロシアに対抗して、北海道を日本の領土と主張するための政策が求められていた。それまで日本政府自身、アイヌ民族を日本人と扱わず、それが北海道を日本の国土と主張する理論の妨害になっていた。北海道に日本国政府組織（北海道開拓使）をつくることが、国土の主権を主張するために最低限必要というアメリカの助言を得て、北海道開拓使

ピクチャレスク（絵画的）様式スイス・コテージ
アンドリュー・ジャクソン・ダウニング著『カントリーハウスの建築』、一八五〇年より

という名称の行政機関を設立した。

北海道開拓使に中央官僚を配置させるため、明治政府の中心を形成する薩摩（鹿児島）、長州（山口）、土佐（高知）、肥後（熊本）出身の官僚を移住させる必要があった。これらの官僚は、寒冷地である北海道では生活ができないと否定的な考え方が伝えられていた。そこで、農業生産政策を農業技術者教育と一体的に行うために、札幌と緯度が同じ位置に首都があるアメリカから学識経験豊かな行政専門家を招聘《しょうへい》し、北海道開拓の助言を求めたのである。

ケプロンは次の二つの選択を提示した。一つは、日本人の血を数世代かけて寒冷地に馴れるよう変質させる。もう一つは、寒冷地でも生活できるような住宅を供給する。この二つの選択肢に明治政府は後者を選択し、ケプロンの指導に従い、寒冷地であるアメリカのシカゴで安心して生活できることが実証済みであった「バルーン工法」によって、寒冷地向け住宅を建設した。その住宅は、薪燃料ストーブが設置された寒冷地仕様として官僚向けに供給され、北海道を開拓することになった。

時計台で有名な札幌農学校、明治、大正、昭和の三代の天皇が宿泊された迎賓館（豊平館＝現在中之島公園に移築）、ゴシック様式でつくられた北海道開拓使の高級官僚向けの官舎は、ケプロンの指導に従いすべてバルーン工法で建設

オクタゴンハウス
一八六九頃

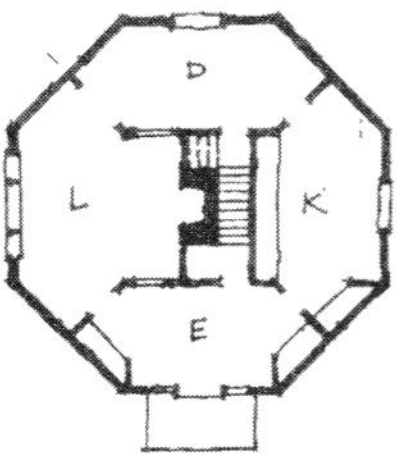

平面計画

された。バルーン(風船)工法の名称は、その頃まではハーフティンバーまたはポスト・アンド・ビーム工法と呼ばれる大断面木軸工法であったものが、製材技術の開発でディメンション・ランバー(二×四の規格製材)の生産が始まり、高い生産性の下で住宅が建設され、それ以前の工法の約六〇パーセントの価格で、かつ短期に住宅生産が可能になった。そのため、ほとんどの住宅は新しい工法によりつくられた。伝統的工法を使う大工はそれを恨み、悪口として「風船(バルーン)工法」と名づけた。しかし、その工法は軽く強靭であったことから、褒め言葉として「バルーン工法」という名前で一般化された。

バルーン工法は短期間に大量の住宅を供給し、シカゴの街をアメリカ中部の流通拠点に変えた。アメリカでは当初「シカゴ工法」と呼ばれたが、やがてバルーン工法が一般工法名となり、ケプロンは自信をもってこの工法を北海道開拓使に紹介した。これらの建物を建築するための技術移転は、イリノイ工科大学から建築の教官が東京職工学校(改称の後、現東京工業大学)に派遣され、バルーン工法の建築教育として行われた。それ以来、東京工業大学とイリノイ工科大学は姉妹校である。

北海道には多数の屯田兵が配置されたが、北海道開拓使は、身分の低い下級吏員たちに供給されたバルーン工法による住宅は高級過ぎて贅沢であると判断

イタリアン・ルネサンス・リバイバル様式
郵便局(税関庁舎)
アメリカ・ワシントンDC・ジョージタウン

し、屯田兵たちにはシベリアからのカラマツの丸太住宅に朝鮮のオンドルを設置した住宅が供給された(このオンドル暖房技術はフランク・ロイド・ライトの暖房に取り入れられた)。この対応にケプロンは自らが行政担当者のように全身全霊を投げ打って仕事をし、屯田兵を差別する政策に反対して全員にバルーン工法の住宅を提供するべきと主張した。ケプロンは屯田兵の住宅問題で明治政府と対立したため、その任期延長は認められず、任期満了とともに帰国した。

明治政府は、当初ケプロンの後任人事を受け入れようとしなかった。アメリカはこれに反発し、後任人事の受け入れを厳しく要求した。その結果、ケプロンの政策を継承する北海道開拓使への技術者の派遣は途切れた。こうしてアメリカから導入されたバルーン工法は北海道開拓使関係に限定され、一般的な住宅建築技術としては日本に定着せずに、学校建築教育として取り組まれることもなかった。

明治政府はケプロンの後任を受け入れない代わりに、アメリカからの顧問を受け入れたが、ケプロンのように権限をもたせることはせず、形だけの受け入れとして、実権を握らせないことにした。そこで、ケプロンの代わりに受け入れた顧問の業務は北海道開拓使の業務ではなく、「札幌農学校のプリンシパル」

ピクチャレスク(絵画的)様式
オラナ
一八七四
ムーア人(イスラム)の美しい装飾のある建築物(異国風折衷様式)

の称号での受け入れに日米両国政府が同意した。その業務は行政上の業務でも大学の経営上の業務でもなく、札幌農学校の生徒の倫理教育の指導者人事であった。当時、札幌農学校の倫理は乱れ、明治政府は学生の指導に手を焼いていた。そのため、厳しい規則で学生の締めつけを行ったが、ほとんど効果を上げられなかった。そこで、学生の倫理矯正業務に成果を上げることを条件に、拙速的人事で南北戦争のときの北軍の元軍人を指導者として受け入れ、軍事的倫理教育を期待することとなった。

アメリカ政府から派遣された指導者は、南北戦争に従軍したウィリアム・クラークであった。しかし、実際に札幌農学校に用意されていた「プリンシパル」の職名はアメリカ向け懐柔策であり、日本国内での名称は「副学長」で、学校運営の実権はなく、もっぱら倫理教育が雇用条件となっていた。

クラークは就任時に、学生を縛っていた明治政府が用意した規則を全廃し、軍事教育は行わず、逆に、学生たちに「紳士たるべし(Be Gentleman)」と言い、熱心に、聖書に基づくキリスト教精神に立脚した社会的に尊敬される「紳士たるべき倫理教育」を行った。クラークがキリスト教精神の普及によって倫理教育を行おうとしたことに、明治政府は大きく反発した。クラークは明治政府との契約が学生の倫理教育であることを主張し、「それにはキリスト教精神の教

ピクチャレスク(絵画的)様式
ロングウッド
アメリカ・ミシシッピー州ナンチェツ
オクタゴン型式(八角形)
一八六二

育しかない」と突っぱねた。

明治政府はクラークからの予想もしない反発にたじろぎ、クラークがその信じる聖書教育を徹底することで、学生倫理を向上させる教育を容認せざるを得なかった。クラークは、南北戦争において民主国家建設に働いた高いモラルを誇った軍人であり、その教育はピューリタンの高い理想主義者を育てることになった。新渡戸稲造や内村鑑三はその教育の結果生まれた人材である。

クラークは、明治政府との折り合いが悪く八カ月で日本を去ることになったが、帰国にあたって学生たちに残した最後の訓示が、「大志を抱け(Be Ambitious)」であった。教育は宗教と大きく関係し、同志社大学の創設者である新島譲は、アメリカでクラークの日本行きを支持したといわれる。明治時代には、国内各地にキリスト教の宗教倫理に立つ大学が創設された。

「グラバー邸」というバンガロー

洋風住宅「グラバー邸」には、明治政府による近代建築の導入とは違った江戸末期の歴史がある。そこで、長崎に現存するバンガロー形式でつくられたこのグラバー邸にかかわる興味深いエピソードがある。

グラバー邸はその名称どおり、明治維新後に日本が開港した長崎、横浜、函

一般的なマンサード・ルーフの形状

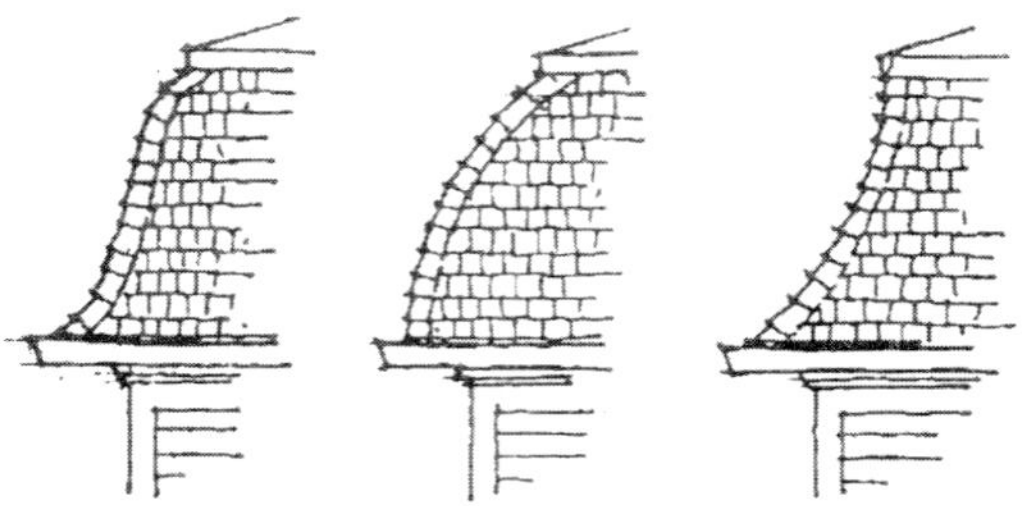

館の三都市の一つである長崎に設立された、香港を拠点とするイギリスのジャディー・マセソン商会の日本駐在責任者、スコットランド出身のトーマス・ブレーク・グラバーの住居である。マセソン商会は中国にアヘンを販売し巨額の利益を得た。わが国でのアヘン販売は禁止されていたため、アヘンの代わりに武器弾薬を幕府と朝廷派の薩摩、長州、土佐、肥後藩に同時に販売した。しかし、後の明治政府の初代首相伊藤博文、文部大臣森有礼など多くの武士が欧州に留学するのを物心両面で支援したことで、わが国の近代化を進めた恩人とも言われている。グラバーは大きな利益を上げたことで日本びいきでもあった。

グラバーは、長崎に自宅を建設するにあたり、インドで作成した設計図を香港経由で日本に持参し、日本の大工や左官に自宅の建設を依頼した。この住宅は、東インド会社が貿易の拠点としていたベンガル地方でイギリス人たちが好んだ住宅(「バンガロー」と呼ばれた)である。その構造は建物全体が大屋根で覆われ、内部は一・五階建て(中二階付)で、前面の庇が張り出し、庭園に面してリビングポーチが付けられている。熱いインドの気候で、イギリス人は庇の張り出した屋外ポーチで、海風を感じながらくつろぐ生活を送っていた。

グラバーは、高台に建てられた邸宅のポーチから海の見える景色を眺め、快適な生活を送れるように設計した。邸宅の周辺の街並みと海を眺め渡せるリビ

ヴィクトリアン・スティック様式
グリスウォルド邸
設計=リチャード・モリス・ハント
アメリカ・ロードアイランド州ニューポート
一八六三

ングポーチは、家族でくつろぐとともに接客用空間として使われた。マセソン商会が活躍したインドあるいは香港のいずれかで、イギリス人によって設計された住宅の簡単な設計図を、日本の大工（構造、造作、指物）と左官、屋根職人が実施設計なしでつくった、現存する日本最古の近代木造洋風建築である。日本の職人は非常に優れた技術と技能を有し、本場でもできないほどの高精度な木造住宅をつくった。グラバーはその技能の高さに驚ろいた。

わが国に伝えられたバンガローの伝達には、二つのルートがあった。一つは、インドから香港を経由して、マセソン商会の手で日本の長崎に最短距離で伝えられたグラバー邸である。その技術はその後、瀬戸内海を通って関西（神戸・大阪）にも伝えられた。もう一つは、インドからいったんイギリス本国に持ち帰られ、そこから大西洋を経由してアメリカに渡り、アメリカのカリフォルニア州から「あめりか屋」（橋口信介社長）の手によって日本（東京）に輸入住宅として持ち込まれた。この輸入住宅は、バンガロー形式の住宅に「クラフツマン様式」のデザインを施したものであった。

「クラフツマン様式」とは、イギリス人のウィリアム・モリスやジョン・ラスキンが中心となって進めた一九世紀末のイギリスで興ったアーツ・アンド・クラフツ運動に影響され、ドイツのゼツェッシオン（分離派）など欧米に広がっ

パレイシアル・パレス（豪華宮廷）様式
フォー・スクエア・ハウス
一般的な四角形住宅
シアーズ・リーバックのカタログ販売パッケージ住宅のデザインに多用された。

た一九世紀末の様式である。この様式に共鳴したのが、アメリカのカリフォルニアで活躍していた建築家ギュスタフで、刊行した雑誌『クラフツマン』に、フェミニズム運動の結果として生まれたバンガロー形式の住宅にアーツ・アンド・クラフツ様式を取り入れた住宅を掲載した。その住宅が「クラフツマン様式」と呼ばれ、家庭の民主化を実現する住宅デザインと考えられ、全米に広がっていった。

橋口信介と「あめりか屋」

日露戦争に勝利したとき、わが国にはこれ以上ロシアと戦争を継続する資金力もなく、アメリカにすがって終戦と講和条約の締結に持ち込んだ。そのときの外務大臣小村寿太郎は和歌山県、旧徳川御三家の出身で、講和条約締結では大変な苦労をした。講和条約には小村寿太郎外務大臣と、同郷の橋口信介が非公式に随行した。

その頃アメリカでは、家庭内での女権の拡大（ウーマン・レボリューション）を目指し、女性の主体性を確立するフェミニズム運動が展開されていた。その運動は全米を短期間で覆い尽くし、「家事大革命」とも言われるヨーロッパの女権拡大運動とも相呼応した。フェミニズム運動は、欧米ではフランスの「コ

パレイシアル・パレス（豪華宮廷）様式
ロバート・ゴレット邸
設計＝マッキム・ミード＆ホワイト
アメリカ・ロードアイランド州ニューポート
一八八二

レクティブハウジング」(集団居住住宅)運動と呼応して展開されていった。アメリカのフェミニズム運動は、家事や育児労働に、洗濯機、掃除機、芝刈り機、食洗器、アイロン等の電化製品を持ち込み、家庭内労働の軽減化を進める住生活改善運動になった。

当時の日本でも、大正デモクラシーの波に乗ってフェニミズム運動(アメリカで「ブルー・ストッキング・ムーブメント」と呼ばれ、これを平塚らいてう等が日本語に「青鞜社」と直訳し、結社した女権拡大運動)が興っていた。この時代潮流の中で、「夫は妻を愛し、妻は夫を敬い、夫婦して子供を慈しむ」マタイ伝第二章に書かれた「夫婦が協同して民主的な家庭を建設する」キリスト教の家族像を実践する住宅と考えられたことを背景に、橋口信介の手でわが国に持ち込まれた住生活改善運動が一体となって進められた。

まず、東京の港区虎ノ門にある文部科学省の道路を隔てた西側角地に住生活改善協会と「あめりか屋」の社屋が建てられ、六戸の輸入住宅が販売された。住宅問題の解決策として輸入されたこの住宅は、バルーン工法でつくられた「バンガロー型式」のクラフツマン様式で、アメリカの大手小売企業シアーズ・ローバックの「カタログ販売パッケージ住宅」の形で販売が行われた。

バンガロー型式によるクラフツマン様式の住宅は、小林一三が阪急電鉄開発

パレイシアル・パレス(豪華宮廷)様式
アメス・ゲイト・ロッジ
設計＝ヘンリー・ホブソン・リチャードソン
アメリカ・マサチューセッツ州ノースイーストン
一八八二〜一八八三

と一体的に進めてきた田園都市運動と相呼応して、東京、大阪、京都、名古屋、軽井沢でその建設運動が展開された。橋口信介が日本に持ち込んだ「あめりか屋」住宅の基本的なシステムは、すでに明治政府が行った北海道開拓使の事業においてケプロンが技術移転したものであった。しかし、北海道開拓使が受け入れたバルーン工法の技術はすでに消滅していたので、橋口信介の運動は、同じバルーン工法による住宅の普及においてゼロから取り組まれた。

工部大学校建築学科と土木学科

建築技術は、江戸時代からすでに高度な技術が存在していたので、明治維新の工部大学校建築学科の建築教育としては、「和魂洋才」の基本に立ち、近代ルネサンス建築思想を学ぶ人文科学教育は受け入れなかった。それに代わって、近代ルネサンス様式の建築の実施設計と意匠の工事監理を学ぶことが建築教育として取り組まれた。わが国においては、封建時代の城下町づくりの経験はあっても、欧米で広く建設されていた近代ルネサンス様式の建築や、近代ルネサンスの都市計画・都市設計技術は存在しなかった。そこで明治政府は、建築教育と並んでお雇い外国人に都市設計を委託した。

明治政府が日本国のモデルと考えた国家は、官僚を含む総勢一〇七名で欧米

インディジェネアス（先住）様式
フォート・ヒル／A・C・アルデン夫人邸
設計＝マッキム・ミード&ビジェロウ
アメリカ・ニューヨーク州ロングアイランド・ロイドネック
一八七九～一八八〇

に派遣された岩倉使節団（一八七一〜七三年）による報告を参考に、富国強兵政策で国威を拡大しオーストリアとフランスとの戦争（普墺《ふおう》戦争、普仏戦争）で勝利したプロイセンとなった。そこで、プロイセンの国づくりに倣うため、プロイセンの鉄拳首相ビスマルクの建築顧問でドイツでも著名な建築家ヴィルヘルム・ベックマンを招聘《しょうへい》し、大日本帝国にふさわしい中央官公庁計画の設計を依頼した。

ベックマンは、この首都中央官公庁計画で、当時ヨーロッパ世界で話題になっていたオースマンのパリ改造計画に倣い、中央集権帝国の威風堂々たる幹線道路計画軸線を強調した計画を取り入れた。パリ改造計画は、フランスのナポレオン三世の下でセーヌ県知事ジョルジュ・ウジェーヌ・オースマンが計画したもので、ベックマンはそこで採用された大道路計画を基軸に設計し、当時の明治政府の国威発揚に応えた。その計画は明治政府の高い評価と支持を得、一挙に実施へと向かった。

明治政府には、ベックマンの都市計画を実施に向けて実現する方法がわからなかった。わが国のそれまでの都市は歩行者が中心で、車を交通手段に使うことがなく、道路をはじめ上・下水道や都市公園の概念そのものがなかった。また、それに対応した都市施設を建設する建設工学（シビルエンジニアリング）技

インディジェネアス（先住）様式
H・A・C・テイラー邸
設計＝マッキム・ミード＆ホワイト
アメリカ・ロードアイランド州ニューポート
一八八五〜一八八六

術も、建設技術者（シビルエンジニア）もいなかった。そこで、欧米と比較しても遜色のない近代国家としての首都に、新しい東京の中央官公庁街を建設して都市基盤整備をするため、明治政府は都市計画どおりに都市を実現する欧米の公共施設建設技術者（シビルエンジニア）を養成する必要を認識した。

具体的に都市づくりに向け実施する人材育成のため、欧米の技術者養成のシステムをそっくり受け入れ、工部大学校に専門のシビルエンジニアリング（建設工学）学科を創設した。シビルエンジニアリングの日本語名学科として、教育内容を踏まえ漢語の「築土構木」を簡素化した「土木」の名称がつけられた。その教育内容は、欧米のシビルエンジニアリングと同じである。現在の日本の建築学、都市工学、土木工学を欧米の大学または大学院で引き続き学ぶときには、いずれもシビルエンジニアリング学部である。欧米の都市計画学や建築学（アーキテクチャー）は、人文科学（ヒューマニティーズ）学部に属する建築学科（スクール・オブ・アーキテクチャー）である。

欧米の人文科学としての建築設計と日本の建築施工を前提とした実施設計

明治政府が建築学として教育したことは、すべて近代ルネサンス様式における建築の実施設計図書の作成と施工技術である。それは、欧米の建築学科で行

インディジェネアス（先住）様式ロー邸
設計＝マッキム・ミード＆ホワイト
アメリカ・ロードアイランド州ブリストル
一八八六

われていた建築思想、建築哲学、建築歴史、建築文化、家族生活・地縁社会生活、住宅・都市環境管理を扱う人文科学教育ではなかった。欧米の建築学、すなわち人文科学としての建築学は、人間の生活空間を人類の歴史と文化・生活に立って、住宅・建築・都市空間を創造する学問である。それは、ルネサンス思想に立って住宅・建築・都市を設計・計画することを意味していた。

しかし、明治政府にはルネサンス思想の下にあるヘレニズム文化やヘブライズム文化であるキリスト教文化を受け入れる意図はなく、むしろ西欧の宗教をわが国に持ち込まない政策をとっていた。欧米列強との不平等条約を改正するため、わが国が欧米先進国と対等の文明国であることを示す必要があった。

具体的な方法として、当時の欧米諸国では近代ルネサンス建築が例外なく建設されていた。欧米におけるルネサンス運動は社会思想として近代合理主義社会の実現を目指すもので、その政治目標の実現のため、絵画、彫刻、建築、文学が社会の前衛的役割を果たしたが、明治期の日本ではルネサンスを社会思想と受け止めず意匠として捉えようとしていた。そこで、わが国もそれと同じように近代ルネサンス様式による建築を建て、近代ルネサンス様式の都市を計画することが、欧米との不平等条約改正を実現する最優先の取組みと明治政府は判断した。

インディジェネアス（先住）様式
プレーリー・シングル様式
フランク・ロイド・ライトの自邸
アメリカ・イリノイ州シカゴ
一八九三

欧米では、中世の封建思想を近代合理主義に転換する国家の社会運動の一環としてルネサンス文化運動を進めるため、国家的文化運動が国民の意識改革のために用いられていた。欧米でルネサンス精神の普及が重視されていたことが、岩倉使節団にも明治政府にも理解できなかった。ともかく、明治政府は日本にルネサンスの思想を持ち込みたくなかった。ルネサンスの精神(思想)を受け入れなくても欧米先進国と対等の文明水準であることを示すため、近代ルネサンス建築や都市をつくることが必要であると考えた。これが、日本の建築学において、近代ルネサンス様式の建築づくり(ものづくり)と建築意匠を取り入れるため、精度の高い意匠設計製図(実施設計)を作成し、精度の高い建築意匠をつくる技術の導入に走った理由であった。

そこで教育された建築設計は、西欧の近代ルネサンス様式で決められた形(フォルム)、装飾(オーナメント)、詳細(ディテール)で構成される建築意匠の実施設計製図を作成し、求められる機能と性能を有する建築物をつくるために、正確に近代ルネサンス建築意匠を再現するものであった。明治政府は西欧の近代ルネサンス建築意匠を理解し、ルネサンス建築意匠の建築を具体化する設計能力をつけることしか望んではいなかった。政府が建築教育に求めていた技術は、近代ルネサンス様式の図案を取り入れた実施設計図書を作成し、設計図書

インディジェネアス(先住)様式
ホワイト・パイン・シリーズ
一九一八

どおりの工事を実施する施工管理（マネジメント）と、設計図書どおりに工事監理（モニタリング）をする技術で、それらの教育を総称して建築意匠教育と呼んでいた。

欧米の人文科学としてのスクール・オブ・アーキテクチャー（建築学科）の教育内容は、建築設計する建築空間を新しく創造（デザイン）する学問である。建築設計は、建築主の建築要求を、建築設計者がその設計思想、信条、人生観に基づき設計条件を理解し設計コンセプトにまとめ、建築設計を行う業務である。その業務は、建築加工する土地の担ってきた歴史・文化と建築主の抱いている建築思想（歴史・文化）とを結びつけ、設計図書として土地を建築加工する設計（デザイン）を創作する作業である。一九世紀末から二〇世紀には、アメリカの経済発展を背景に、フランク・ロイド・ライト等によるアメリカ固有のプレーリー様式や、ホワイト・パイン・シリーズのようなアメリカの先住（インディジェネアス）様式が誕生した。

欧米諸国では土地と建築物は一体不可分で、土地に建築物を建てるのではなく、土地を建築加工すると考えている。そのため、建築計画は土地の人文科学的性格を考えて加工している。建築設計（デザイン）は、土地の歴史・文化と建築主の歴史・文化認識を、建築物や都市の設計条件、住宅地環境空間に統合さ

クラフツマン様式
一般的なバンガロー形式

インド・ベンガル地方のバンガロー形式のクラフツマン様式の特徴。一・五階ルーフドーマ付大屋根住宅。高床で高い柱台の上にテーパ付柱。

せて人文科学的な空間を創造する営みである。設計される建築・都市環境を土地の担ってきた過去、現在、未来と連続する歴史・文化・生活条件と切り離すことはできない。それは、当面する政治的、経済的、社会的ニーズに応えて設計計画し、それを正確に製造する単なる「ものづくり」の施工技術（建設工学）とは基本的に異っている。

欧米の近代建築学とは、人々の歴史・文化と生活を伝承する人文科学としての生活環境学である。近代以降、人文科学としての建築学の基本は、自然の摂理に基礎を置くヘレニズム文化と、人格神による救いと慰めを授けられるヘブライズム（ユダヤ教、キリスト教、イスラム教）文化という二つの大きな文化思想に基づいている。建築設計は、建築家が建築思想に立って、その土地の歴史・文化、環境と、利用者の変化し続ける人間の生活要求に柔軟に対応した建築環境文化を創造し、維持管理、経営する学問である。住宅環境設計は、人々のライフステージに対応できる環境設計であり、利用者のニーズの変化に対応できる人文科学空間の設計である。本書で取り扱う住宅設計業務とは、この人間生活を中心に置く人文科学空間に居住者が帰属意識を持ち得る環境設計業務である。

人文科学空間としての住環境は、居住者と独立した「もの」としての環境を

アメリカにおける『カントリーライフ（田園生活）』誌
一九〇一年に登場し、第二次世界大戦に入っても人気のある雑誌で、一九四二年まで続いた。この雑誌は上品な田舎暮らしという主題に力を入れていた。一九二五年八月号は、しばしばマナーまたはノルマンディ・ファームハウスと呼ばれていたフランスの農村建築様式について、メロー・メイグス&ホウによるフィラデルフィアの「メインライン」にあるアーサー・E・ニューボルド邸を取り上げた。

指しているわけではない。住環境は、居住者自身が近隣や地域・地区住民と協力し、健全に維持管理(住環境経営)を行うことで居住者がその要求を満たし、さらに継続的に経営管理を行うことで、常に社会的に需要対象となり続ける。そのため、住宅建築設計では常に居住者が満足できる住環境の設計図書の作成と、その設計内容に対応した環境経営、管理を行わなければならない。住環境とは、住宅敷地から近隣の住環境へ、さらに居住者の生活の広がりに合わせた、C・A・ペリーが『近隣住区論』で扱っている広範囲な住宅地環境を検討対象とする。住環境管理では、管理対象区域の関係権利者全員が強制加入する自治組織を創設し、関係権利者全員が合意するハードなルールとソフトなルールとを使い住環境保全のシステムが機能することで、予定された人文科学的な環境が担保される。

　明治政府が考えた建築設計思想の学習では、日本人の魂が西欧ルネサンスにより抜き取られ、西欧の言いなりにならないようにするため、近代ルネサンス建築思想を教育してはならないとされた。これは、近代化における明治政府の「和魂洋才」の基本思想であった。西欧の建築教育をとおして近代ルネサンス建築をつくるとなると、学生たちがルネサンス思想を学び、その土地と建築物を人文科学的に理解し建築設計をする技術を学ぶことになる。そうすれば建築

ダッチ・コロニアル様式

イギリス型　　オランダ型

設計教育をとおしてルネサンス思想を学生に広めることになる。ルネサンス思想を学生に広げないためには、わが国の建築教育にルネサンス思想に立った建築設計を教えないことである。しかし、不平等条約を改正するために西欧と同様な文明国であることを示すには、近代ルネサンス様式の建築を多数つくらなければならない。そこで明治政府は、わが国の近代ルネサンス建築教育では、近代ルネサンス建築思想が国内に拡大することを阻止し、思想教育を排除した「ものづくり」に限定した建築教育を、工部大学校の意匠教育、すなわち「建築学教育」として実施した。

わが国では、土地と建築物は別の不動産であると民法上で規定し、土地の担っている歴史・文化と、建築主が担っている歴史・文化を組み合わせることにより一体の建築不動産を創造するという欧米の人文科学としての建築設計の考え方自体を拒絶した。欧米の人文科学的な建築設計の理解とは、土地自体のもつ歴史・文化性と、そこを利用する人々の担ってきた歴史・文化性を組み合わせて、人々が帰属意識をもてる建築環境を、利用する人間中心の建築不動産とする考え方である。建築の依って立つ建築思想とは、建築不動産の環境形成思想の魂(思想＝コンセプト)のことである。

オーダー

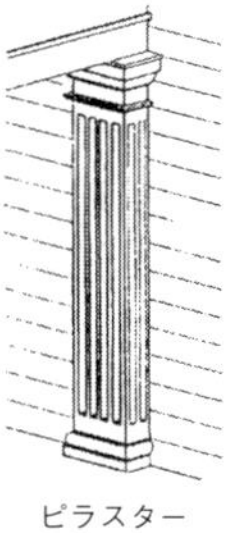

ピラスター

方形断面の柱(角柱)で壁付になっている。伝統的建築様式に倣った柱装飾が施されている。

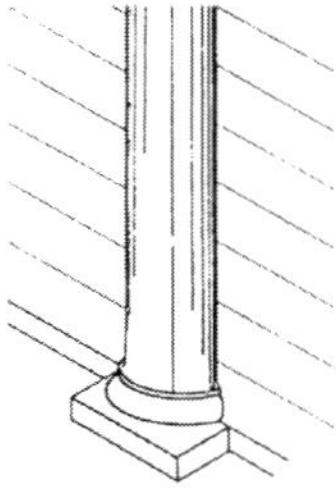

エンゲイジド・コラム

壁付柱。柱の半分以上が壁に入っている。

[II]——欧米と日本の近代建築教育としての住宅建築設計

アン・ハサウェー・コテージ(シェークスピアの妻の生家)
ストラトフォード・アポン・エイボンに現存するサッチ(藁葺屋根)とハーフティンバー構造の住宅。
デンマークから訪英したアングロ・サクソンの伝統的船大工による木骨建築(ハーフティンバーまたはポスト・アンド・ビーム)工法。

1――近代ルネサンス建築教育の目的

建築と土木の二つの技術として導入した西欧建設技術教育

最初に、明治政府の建築および都市に対する取組みをあらためて概観する。わが国の建築・芸術・デザイン教育では、イギリス人、ジョサイア・コンドル、アメリカ人、アーネスト・フェノロサ、ドイツ人、ヴィルヘルム・ベックマンおよびヘルマン・エンデなど、欧米で人文科学を修めた建築家や美術家が招聘《しょうへい》され、コンドルは工部大学校建築学科で建築教育を行い、フェノロサは東京大学で教鞭をとるかたわら明治政府の要請を受け、日本文化の再評価に尽くした。

コンドルとベックマンは明治政府の要請で、首都東京の官公庁計画の都市計画を作成した。日本政府は「和魂洋才」と言って、欧米の建築意匠と土木工学技術(シビルエンジニアリング)を受け入れたが、建築教育はもっぱら意匠教育で、わが国の外観を欧米並みにし、わが国の文化の高さを世界に誇ろうとした。しかし、西欧建築のデザインを支えているルネサンスの「魂」、すなわち、ヘレニズム文化とヘブライズム文化を構成する宗教、歴史、文化、生活、思想をバックボーンにもった人文科学としての建築学を受け入れなかった。

[アメリカン・ハウス・スタイル・ホーム・プラン・システム]

『アメリカン・ハウス・スタイル』(戸谷英世訳・井上書院刊)の著者ジョン・ミルンズ・ベーカーが、二階建て、延べ床面積約一三〇平方メートル(四四フィート×三二フィートの総二階建て)の同じ住宅プランを使って、四二の異なった住宅様式の住宅デザインを提案しているものを紹介する。同じ設計条件の下で提案された住宅の典型的な様式によるファサードと、それに対応するプラン(平面図)である。これらは、すべてのライフステージにある世帯の生活要求に対応できる機能・性能は、延べ面積一三〇平方メートルあれば、特殊な場合を除いて満足させることができることを説明している。住宅のクラシック様式はこの例のように柔軟に対応できることを証明している。個別の生活要求はマイナーチェンジで対応できるはずである。

以下原則として、ホームプラン別ファサードを偶数頁、その平面図を奇数頁で紹介する。

そのため、わが国の建築教育は欧米の近代ルネサンスの精神を基にする人文科学の建築学ではなく、欧米の近代ルネサンス建築形態を正確に再現する建築意匠、図案の実施計画を作成する建築意匠であった。欧米との不平等条約改正のための環境づくりとして、首都の景観を欧米の街並みに比べ遜色のないものにするべく、明治政府は首都官公庁計画を具体化する都市計画作成を建築家コンドルに依頼した。コンドルの作成した計画に明治政府は満足できず、その後ドイツのビスマルクの建築顧問である建築家ベックマンに中央官公庁計画の作成を要請した。ベックマンの計画は明治政府に高い満足を与えたので、その計画を実施するため、都市計画の建設工学技術者を養成することになり、工部大学校土木学科が創設された。

近代建築として欧米に倣おうとした近代ルネサンス建築は、ヘレニズム文化とヘブライズム文化の二大文化を骨格としていた。宗教は人々の信仰を背景に信念を与え、それが欧米の近代化を進める原動力になっていた。それをわが国から見たとき、欧米のルネサンスは欧米の植民地主義を進めるバックボーンであり、宗教の後を追って貿易が進められ、最終的には植民地主義を進める軍隊が宗教や科学、文化と交易の陰に隠れて侵入する。その不安が欧米列強の軍事支配として脅威となっていた。江戸時代末期の欧米先進国家による不平等条約

アメリカの住宅設計の標準形

本書で取り上げた住宅設計は、第二次世界大戦終結前までの住宅設計の考え方である。寒冷地イギリスで誕生した住宅は、エネルギー消費を最小限にすることを設計の基本とし、外殻面積（エンベロップ）を最小限にし、屋内空間も各室ごとに最小限化し、少ないエネルギーで熱効率の高い暖房を行った。建物の外観から見える煙突の数（暖炉数）から住宅の価値を判断した。

戦後、ロックフェラーが「戦後のアメリカの住宅モデル」としてニューヨーク近代美術館の中庭に建設した吉村順三設計の松風荘（書院造り）で、オープンプランニング（玄関、居間、食堂、台所という社会的空間を一つの広い豊な空間にする技法）が紹介され、アメリカの住宅はオープンプランニングへと転換し、さらに高気密・高断熱構造が一般化された。玄関を道路に面してつくることは欧米も同じであるが、建物の方位や部屋の向きは眺望と景観を重視し、太陽の方向にこだわらない構造とした。

は、欧米の近代ルネサンス戦略であり、明治政府の不平等条約改正での大きなつまずきになっていた。明治天皇は洋風の服装と下足・椅子式生活を率先垂範して取り入れ、公式行事だけではなく私的生活においても形によって欧米と同じ文明国であることを示した。

明治政府は、不平等条約の改正を緊急の課題としながらも、欧米がルネサンス思想と不可分一体に植民地進出をしていると思い、キリスト教を水際で上陸しないようにすることが検討された。「和魂洋才」は明治維新の国家共通の基本姿勢であった。すなわち、ルネサンス建築技術を学ばなければならないが、キリスト教の国内への進入は阻止しなければならない。そのため、明治政府は人文科学教育を受け入れず、ものづくりの工学教育として実施した。

建築のデザイン教育は、建築の形(フォルム)、装飾(オーナメント)および詳細(ディテール)によるものづくりのための建設工学技術として、正確に模倣する建築教育を重視した。欧米の建築教育で重視されている建築の個性・特徴を把握し、その中に隠された建築思想を表現する美学と同様、歴史、文化、生活を取り入れた建築思想を受け入れることは、わが国民が西欧思想に引き込まれることであって、政府としてはまったく求めていなかった。欧米列強に日本が対等な文明国として扱われるようになるために、近代ルネサンス建築を設計す

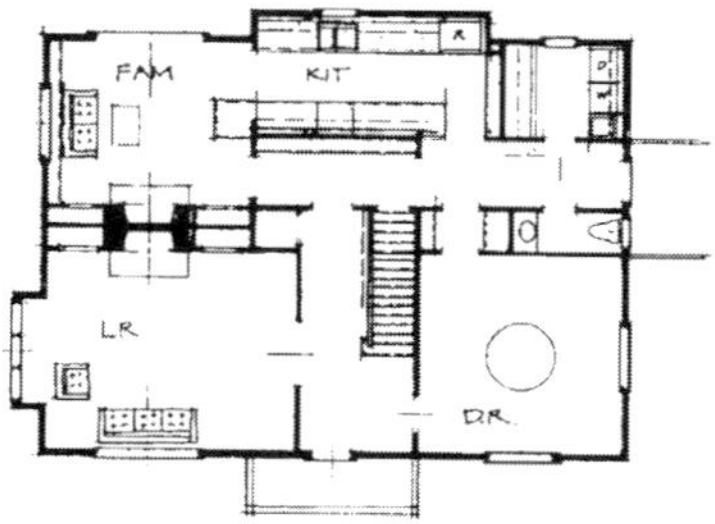

標準的住宅平面(一階平面図)
玄関を入るとホワイエ(エントランスモール)、前面左にリビングルーム(応接間)、右にダイニングルーム(正食堂)、後面左にファミリールーム(居間、食事室)、中央にキッチン、右にパントリー(台所倉庫)、便所。

る技術を求めていたが、宗教を背景にした西欧思想を受け入れ、欧米列強に付け込ませる隙を見せてはいけないと考えた。

宗教の布教で外国の国民の心を捉え、次に貿易で経済的に支配し、最終的には植民地経営が行われた東南アジアや中国、インドの西欧諸国による支配を見聞し、最初の宗教の侵入こそ危険と考えてきた。

わが国が受け入れた近代ルネサンス建築教育は、精度の高い建築設計を高度な設計器具を駆使して正確に製図をするものづくり教育であり、設計図書どおりの建築施工を行うことであった。建築製図は機械製図と同列の工業製図と見なされ、建築設計教育では正確さが重視された。現代のCAD設計のように幾何学的な図形が先にあり、それを高い精度のルネサンス建築様式製図として製作し、建築施工を正確に行うことが優秀な建築技術とされた。わが国の建築設計教育は、設計思想を造形化する創造的業務における基本設計の作成ではなく、施工に必要な施工図のための実施設計図書の作成教育であった。

欧米の建築設計における建築家教育の目的は、歴史・文化と人々の生活を学習し、近代ルネサンス思想を高め、建築すべき場所と建築主の設計条件を分析し、建築家の設計理論と設計思想を駆使してルネサンス建築空間を創作する設計能力を養うことである。設計は、4Bの鉛筆を使うラフな設計エスキースか

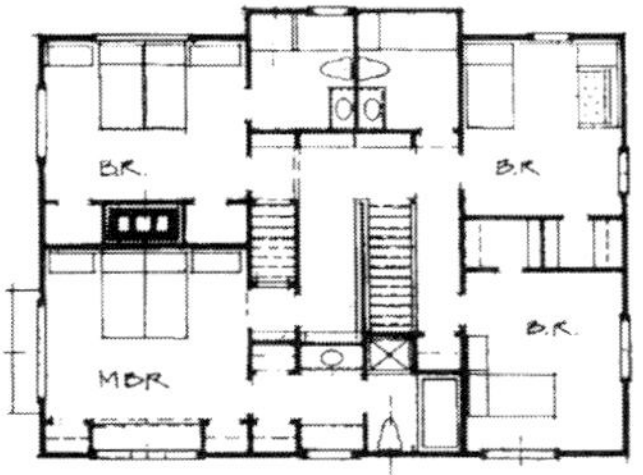

標準的住宅平面（二階平面図）
前面はマスターベッドルームとマスターバス、右側のベッドルームはこども用、バスは共用、右後方は接客用ベッドルームまたは老親用はバス付。

ら縮尺が大きくなり、現寸に近くなるほど固い鉛筆を使う製図の試行錯誤を、人間の感覚で精度の高い設計内容にバランスを取って具体化していく創造的な業務である。建築設計教育では、視覚的に空間を把握する教育が重視され、線の太さで空間を正しく表現できるようスケッチが大事とされた。現在の欧米でも、本書の下段のように、写真を見ながらスケッチの訓練を行うことにより重要な線を理解する教育がされている。コンドルの設計教育は欧米の設計教育を意図したが、明治政府の要請に応える形でドラフトマンの設計教育が行われ、人文科学的な建築思想教育は割愛された。

欧米の建築教育では、建築思想を的確に建築設計として表現するために、建築家には建築用語(アーキテクチュラル・ボキャブラリー)を学習することが求められる。よって、過去から現代に伝えられている建築物の形態、建築詳細および建築装飾の様式を学習し、それらを駆使できるような優れた建築の模写、スケッチの訓練を行うことが重視された。建築用語を知ずに建築思想を建築設計で表現することはできない。感情表現は動物でもできるが、思想表現は言葉(ボキャブラリー)を介することがなければ不可能であり、デザインもまた同じである。

江戸時代の終わり頃、西欧ではポルトガルを筆頭にスペイン、オランダ、イ

アーリー・ニューイングランド・コロニアル様式
一六三〇〜一七一五

ギリス、フランスが大航海時代に参入し、わが国へはポルトガルの船が種子島にやってきた。そのとき、日本人はポルトガル人の鉄砲を手に入れた。翌年ポルトガル人が来日したときには、教えられていなかった鉄砲の製作技術をマスターしていた。それはポルトガル人を驚かせ、結果、ポルトガルと対等の立場に立つことができ、植民地化には至らなかった。

これと同じように、欧米の近代ルネサンス建築や近代ルネサンスの街並みをつくる能力をわが国で養成し、来日外国人に誇示することで、欧米諸国にわが国と対等の高い文明国と認めさせ、一刻も早く不平等条約を改正し、欧米に侮られないようにし、植民地化しないようしなければと考えた。そして、建築教育では、欧米の近代ルネサンス建築様式を再現する技術が可及的速やかに習得し実践できることが重視された。しかし、近代ルネサンスの思想で合理主義を学び、科学技術を発展させる思想教育や高い倫理観をキリスト教信仰の西欧文化に求めてはいなかった。

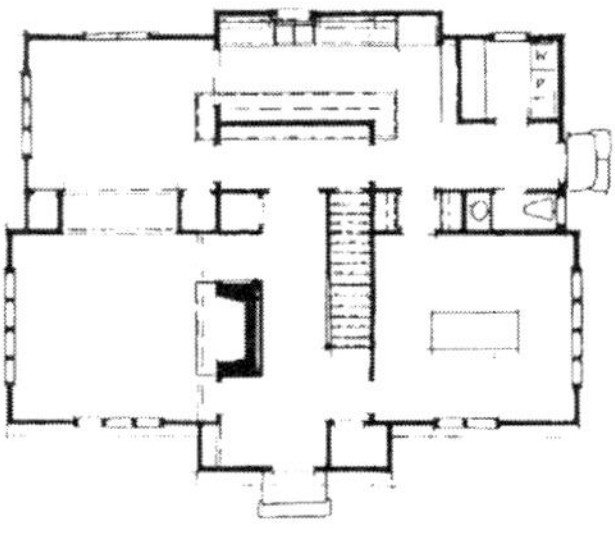

箱型の外観、棟中央に煙突のある二階建てで、連続空間で一室の奥行が深い。ジェティ(二階床張り出し)があり、下見板またはシングル張り。小さなガラスを鉛でつないだガラス板を用いたケースメント・ウィンドー。急勾配切妻屋根で、庇の出はほとんどない。玄関扉は縦板張り。

2 ― ルネサンスの思想とルネサンス建築教育

ルネサンスは西欧国家の国づくりの旗印

一九世紀には、欧米列強はルネサンス運動を展開することで、封建的な中世キリスト教国から、合理主義に基づく科学技術を発展させる国づくりで産業革命を実現し、植民地支配を拡大しようとしていた。その近代国家づくりを目指す合理主義の旗印がルネサンス（古代ローマに立ち返る）であった。

イスラム教が七世紀に誕生し、「政教一致」の国家が建設され、「コーランか、剣か」とイスラム教の布教と武力支配が一体的に進められた。イスラム教国は急速にその版図を拡大し、一〇世紀には、キリスト教国の東側からはアナトリア半島（トルコ）、バルカン半島（ギリシャ）を経由してウィーンを攻め落とそうと窺《うかが》っていた。一方、キリスト教国の西側からは、北アフリカのチュニジア、アルジェリア、モロッコを通ってイベリア半島（スペイン）に進出、そのイベリア半島をその版図に加え、バスク地方を通りピレネーを越えてパリを窺《うかが》う勢いを示していた。イスラム教国は、フランク王国、神聖ローマ帝国、ビザンチン帝国を東西双方から攻め上げキリスト教国を蹂躙《じゅうりん》し、ローマ法王庁を恐怖に陥

アーリー・サザン・コロニアル様式
一六四〇～一七一五

れ、風前のともしびに追い詰めた。

イスラム教国が神聖ローマ帝国を窮地に追い詰めたことから、ローマ法王庁はキリスト教国の団結を図るべく、「聖地回復」を旗印に十字軍遠征（聖地エルサレムの奪還）に向けてキリスト教国を結集させるとともに、イスラム教国に奪われた地域（イベリア半島）をキリスト教国が奪還するレコンキスタ（再奪還）を繰り広げた。一〇九六年の第一回から一二七〇年の第七回にわたる十字軍の遠征の中で、エルサレムにたどり着けたのは最初のわずか二回だけで、陸路を使った遠征であった。第三回以降の地中海を含んだ遠征では、途中でイスラム教国の軍隊に敗北。回数を重ねるごとにエルサレムには近づけず、惨敗を繰り返した。イスラム教国の技術力と経済力、軍事力の違いを思い知らされることになり、十字軍勢力がパレスチナから追われた後はロドス島を根城とした。

聖ヨハネ騎士団（聖地巡礼をするキリスト教徒の守護者）は、イスラム教徒に対する聖戦の実行者として活躍したが、一五二二年、オスマン帝国のスレイマン一世によりロドス島は陥落させられ、本拠をマルタ島に移し、マルタ騎士団と呼ばれるようになった。第八回にはマルタ島に十字軍が結集したが、マルタ島から一歩も出ることはできなかった。塩野七生著『海の都の物語──ヴェネツィア共和国の一千年』は、第四回十字軍遠征の戦史を描いたものである。キリ

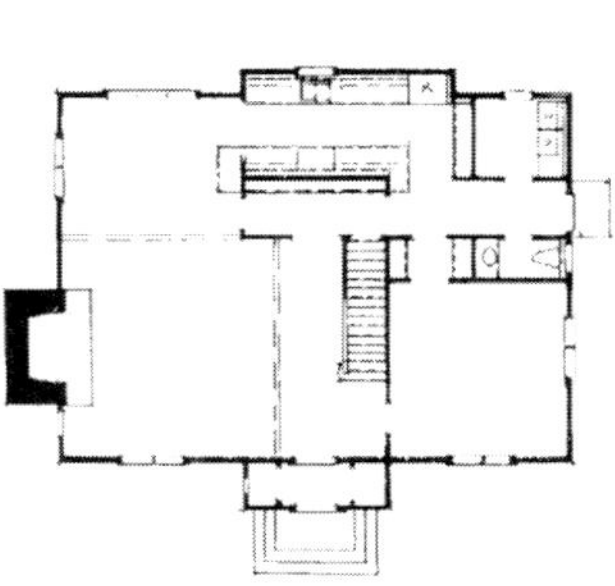

住棟の端部に煙突のあるレンガ造または木造。住空間は連続（オープンプランニング）で奥行が深い。急勾配切妻屋根で、玄関部分は切妻壁が立ち上がる。ケースメント・ウィンドーは小さなガラスが鉛でつながれている。軒庇の蛇腹には、デェンティル（歯型装飾）の化粧繰型が回っている。

スト教国は、ヴェネツィアの海軍を中心にした最大の船団によるオスマントルコとの激戦で、コンスタンティノープル争奪戦での大敗を喫した。十字軍は、ついにエルサレムの奪還はできず敗北したという歴史物語である。その中で当時の様子をわかりやすく説明している。

戦闘を繰り返す中でキリスト教国は、イスラム教国の強さは軍事力を支える科学技術の高さであることに気づかされた。それ以降は、キリスト教国はイスラム教国を攻める気力を失った。イスラム教国はその版図を拡大しすぎて、それ以上にキリスト教国を攻めることをしなかっただけではなく、イスラム教国が広大になり過ぎて版図全域に統治が及ばす、ラビット朝（北アフリカ）などアラビアからの遠隔地では勢力が分解し、イベリア半島のアルハンブラ（グラナダ）のようにセルジューク朝から孤立化した地域もあった。

当時キリスト教国では、イスラム教国のある東方（アラビア）を「オリエント」と呼んでいた。イスラム教国との対立の中で学んだ教訓から、イスラム世界の科学技術の水準は高く対等の戦いは望めないため、とりあえずアラブに倣うこと（オリエンテーション＝「ルック・イースト」政策）にしかキリスト教国の未来はないと考えた。しかし、オリエンテーションではイスラム世界を超えられないため、イスラム教世界の科学技術を支えていたものを研究することにした。

アーリー・ニューイングランド・コロニアル様式
典型的な平面図

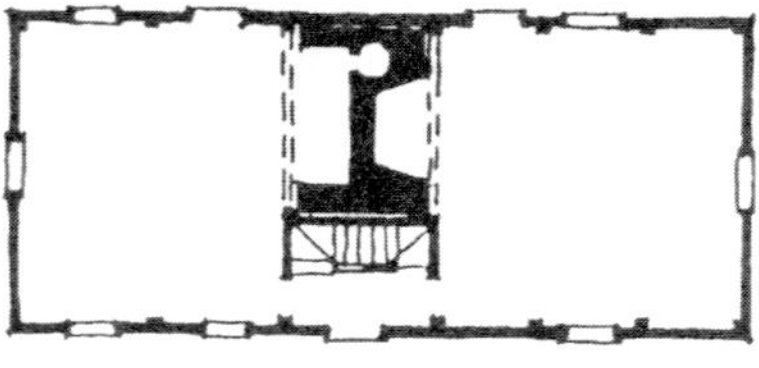

ドロップ
ジェティ＝二階床張り出し飾り

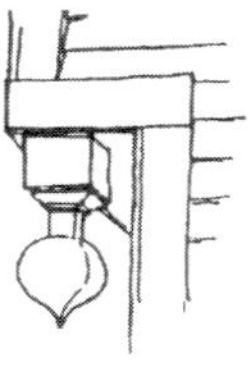

するとそこには、紀元前三世紀から東方（中近東）に持ち込まれたヘレニズム文化がバックボーンとなって科学技術を発展させ、シルクロードを介して中国やインドの合理的な科学が伝わり、その結果、産業の革新が行われ、高い経済成長を実現していたことがわかった。

ヘレニズム文化は古代ギリシャ文化で、西欧世界を六世紀以上にわたり支配した古代ローマの思想である。紀元前三世紀、マケドニアのアレキサンダー大王はヘレニズム文化を掲げて東方（オリエント＝エジプト、アラブ、ペルシア）遠征を行った。その勢いを駆ってインドへ、そこから中国へと世界制覇を行おうとした。その合理主義の考え方は、パルティア王国、ササン朝ペルシア、またアレキサンダー大王の部下の手でプトレマイオス王国（エジプト）やセレウコス王国（シリアからイラク・イランまで）に伝承され、ヘレニズム文化はその後のイスラム国家に伝承された。プトレマイオス朝（エジプト）はクレオパトラ女王の時代に一時、かつてユリアス・シーザーと三頭政治を担ったマルクス・アントニウスにより古代ローマ帝国に包含され、古代ローマ帝国に食糧を供給する属国にさせられた歴史をもっている。

ヘレニズム文化は、古代ローマのユリウス・シーザーの思想と地中海を囲む世界支配の実践に示されていた。古代ローマ帝国は四世紀、コンスタンティヌ

煙突の細部
ベーコンズ・キャッスル
アメリカ・バージニア州サーリー郡

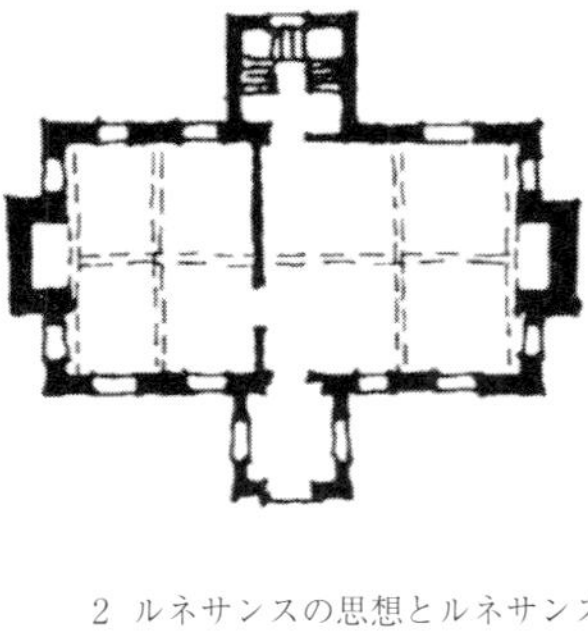

典型的な「ホールアンドパーラー」形の平面図

ス帝のときキリスト教国になり、「政教一致」の巨大国家となった。しかし、新旧勢力の抗争のため統治力が弱まり、やがて東ローマ帝国と西ローマ帝国に分裂した。西ローマ帝国はやがてゲルマン人の大移動で国家が崩壊。東ローマ帝国はヘレニズム文化を維持したビザンチン帝国として発展するも、イスラム教国に吸収された。ヘレニズム文化を色濃く残すアラビアの地には、シルクロードをとおして行われた中国やインドとの交易により、ペルシア、中国、インドの自然科学を背景にした文化・文明が流入し、数学、物理学、化学、農学などの自然科学が発展した。その結果、火薬や兵器の生産を土台に弱肉強食を実践していることが、科学技術の発展と経済成長に影響を与えていた。

中世キリスト教社会の大転換――ルネサンス文化運動

西ローマ帝国は崩壊後、イスラム教国の「政教一致」の国づくりに倣い、フランク王国のメロビング王朝、カロリング王朝が誕生し、また、西ヨーロッパ全域に神聖ローマ帝国とハンガリア帝国というキリスト教国をつくったが、ローマ法王庁の強力な宗教支配を受けて宗教優先の自然科学を疎んじた国家をつくり、経済的な停滞社会となっていた。

イスラム教国が強力な経済力を軍事力にしてその領土を拡大するにつれ、キ

チムニー・ポット

チムニー・シャフト
煙突を屋根面より高くして防火効果と排煙機能を高めるもので、その本体部をチムニー・シャフトという。

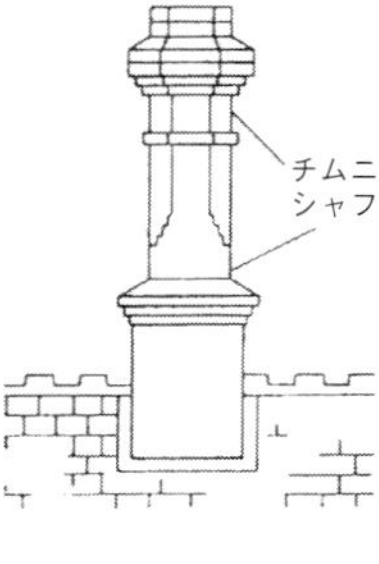

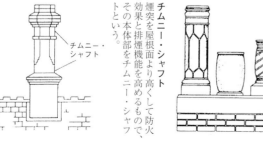

リスト教国を脅やかす理由の研究が進み、そこから、イスラム文明のバックボーンが紀元前三世紀にアレキサンダー大王により持ち込まれたヘレニズム文化であり、古代ローマ文化としても導入されていたことがわかった。そこで、ヘレニズム文化で繁栄した古代ローマ帝国のユリアス・シーザーによって領土が拡張されたことで、古代ローマに回帰するルネサンス思想がキリスト教国の共通認識となり、キリスト教国家の再建がルネサンスを旗印に進められた。

北方ヨーロッパでは、八～九世紀頃から経済合理主義の思想が萌芽し、一三～一六世紀にはイタリアン・ルネサンスと相呼応してルネサンス文化が文化運動となり、ヨーロッパを席巻した。ルネサンスは合理主義を支持する思想として、政治・経済・文化を牽引することになった。結果的にヨーロッパ全域の商工業・貿易を活性化し、それを交易や金融を背景に地域的な経済活動として発展させた。この活動は、イタリアン・ルネサンス(ヴェネツィア、フィレンツェ、ジェノヴァ)と、現在のベルギー、オランダを含むネーデルランドの北方ルネサンス(ブリュージュ、ゲント、アントワープ)など、ハンザ同盟諸国で取り組まれた。その両地域は経済的に交易で結ばれ、メディチ家の金融業がバルト海と地中海とを結ぶ形で行われたのは代表例である。

神聖ローマ帝国やハンガリー帝国は、もう一度ヘレニズム文化の原点(自然

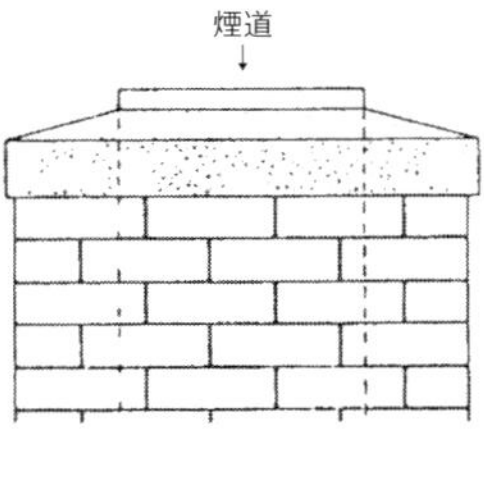

チムニー・キャップ
煙突頂部レンガ傘

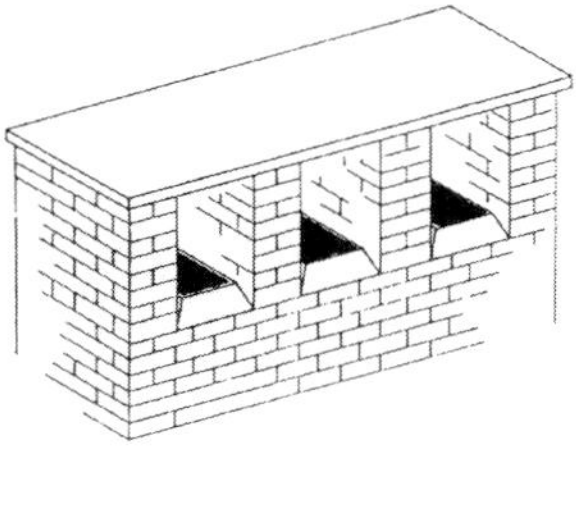

チムニー・フード
煙突開放部保護構造

科学的合理主義)に立ち返って、キリスト教国を古代ローマ帝国のような強国に再建しようと考えた。ルネサンスは古代ローマ帝国のトラヤヌス帝、ハドリアヌス帝の時代からユリアス・シーザー帝の世界制覇の経験を生かしたヘレニズム文化で、弱肉強食と欲望を追及することに正当性を与えた合理主義の精神を生かして経済活動を促し、国威発揚を実現した古代ローマに立ち返ることで、イスラム教国を圧倒するキリスト教国の復興が行われた。

わが国では、ルネサンスをギリシャ・ローマ文化・文明と説明するが、ルネサンス運動が勃興した当時、ギリシャのあるバルカン半島はオスマントルコの占領下にあり、一九世紀にドイツ人シュリーマンによるトロイの発掘がされるまで、ギリシャは神話上の国と考えられていた。ルネサンスは古代ローマのヘレニズム文化への回帰を意味した言葉であって、ギリシャ文化という意識はない。確かに古代ローマが古代ギリシャを継承し、古代ローマの言語がギリシャ語であった歴史的事実はその後明らかにされたが、ヨーロッパのルネサンス時代ではギリシャ文化に対する認識はない。

ルネサンス運動は、古代ローマ帝国の復興と関係するイタリア(ローマ、フィレンツェ、ヴェネツィア、ジェノヴァ、ナポリ、ピサ、ラベンナ)と、スペインのアラゴンとカスチラ王国(バルセロナ、マドリード、トレド、コルドバ、

ジョージアン様式(ニューイングランド)
一七一五～一七八〇

対称形の立面

グラナダ）などで始まり、フランス王国（パリ、ナント）と神聖ローマ帝国（ローマ法王庁を含む）を中心に、ハンガリー王国、ビザンツ帝国と北海、地中海を結ぶ交易を通じ北方のハンザ同盟都市ネーデルランドなど毛織物産業の発展した都市や、経由地・迂回地、イギリス（ロンドン）やポルトガル（リスボン）といったキリスト教国全域に広がった。

ルネサンスの思想を宣伝・広報する手段が、絵画、彫刻、建築、文学等のルネサンス文化で、これらの芸術家は同時にルネサンス思想を普及する思想家、政治家として国家を牽引した。フィレンツェのミケランジェロはその代表的人物である。

わが国の安土桃山文化には、ベルギーで織られた『イーリアス』や『オデュッセイア』の物語（トロイ戦争）の図案の絨毯が南蛮貿易で堺を経由し、京都・祇園祭の山車を飾った。これらのルネサンス文化を伝えるベルギーの絨毯は、現在、わが国の国宝や重要文化財として大切に保存されている。

後期ルネサンス時代のわが国では、石見銀山を筆頭とする世界最大の銀の生産国として、ルネサンス文化の商品を南蛮貿易を通じて大量に輸入していた。中国の銀本位制のもととなる銀は、世界最大を誇った石見や生野の銀生産で繁栄した朱印貿易による日本からの銀の流出なしにはあり得なかった。

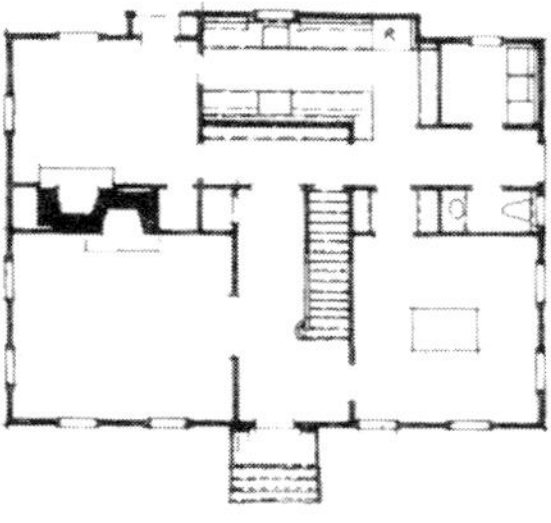

切妻屋根または腰折屋根に、ドーマー・ウィンドーと化粧手摺りが屋根に設けられている。ダブルハング・ウィンドーは縦長で、六～一二枚の小さなガラスで構成され、玄関はパネルドアにトランザム（欄間）と壁付柱でペディメントが付いてる。ポーチまたはポーチコはない。

ヨーロッパでは、ルネサンス運動で復興した古代ローマを中心に、イタリアのフィレンツェやヴィチェンツァ、ヴェネツィア、スペインのバルセロナ、マドリッドといった古代ローマの繁栄を担った都市復興を「グランドツアー」で見学するのが流行していた。それらの都市では、画家、建築家、彫刻家、文学者が同行し、絵画、建築、彫刻、文学をとおしてルネサンスの思想を最もわかりやすく説明する「古代ローマ復興の都市博覧会」に相当する都市復興事業として行われていた。そこで当時のヨーロッパでは、イタリア、スペインを筆頭に展開されたルネサンス運動の成果と、その先進的な取組みの「グランドツアー」に参加することが、国家の指導者になる条件とも考えられた。

アンドレア・パラディオは、古代ローマのウィトルウィウスによる『建築十書』に掲載された建築物を、ヴィチェンツァに建築した。そこで建築された建築をルネサンス建築と呼び、『建築四書』(フォー・ブックス・オブ・アーキテクチュア、一五七〇年)としてまとめた。この本をテキストとする教育が、パリ(フランス)の美術学校エコール・デ・ボザールの前身である建築アカデミーで始められた。欧米の指導者たちは、「グランドツアー」に参加して古代ローマを復興させたイタリアやスペインの都市を訪問し、パリの建築アカデミーで学んだ。こうして科学技術の発展や文芸を復興する文化運動がルネサンスとし

ジョージアン様式(中部大西洋岸地域)
一七一五〜一七八〇

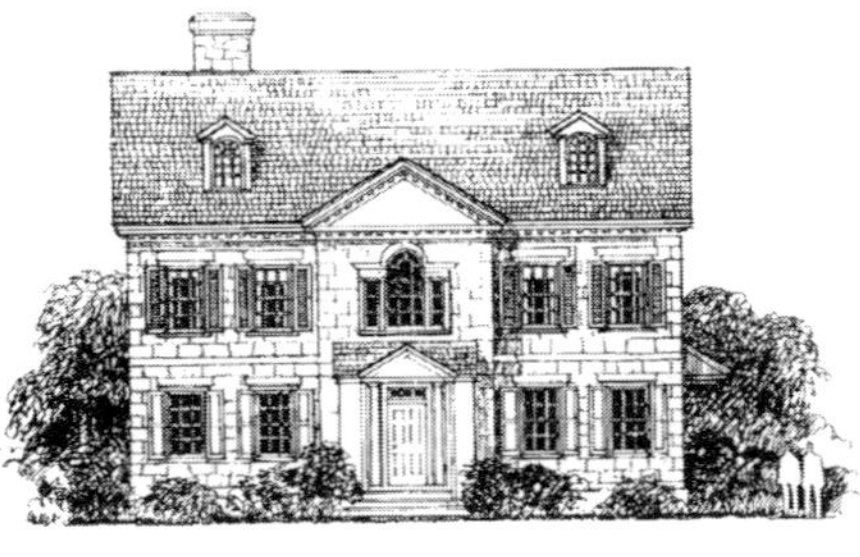

対称形の立面
パラディアン・ウィンドー中央
正面二階の窓

て実践された。

ミケランジェロ、レオナルド・ダ・ヴィンチ、ラファエロ、ボッティチェリ、ファン・アイク、ブリューゲル、デューラー、ジョット、ティツィアーノ、ベラスケス、ベルニーニ、シェークスピア、セルバンテスなど、多くの芸術家は同時にルネサンス時代を牽引する思想家であり政治家でもある。それぞれの思い入れを絵画、彫刻、文学、建築などの芸術表現として展開した。芸術家は思想家であり、芸術表現は思想の伝達であり、これらの芸術家の活動は政治に大きな影響を与えた。

ヨーロッパ全土が、やがてはアメリカの国家の指導者も「グランドツアー」に参加し、何年もかけてイタリア、スペイン、ポルトガル、フランス、オランダ、ベルギー、北欧諸国のルネサンスの取組みを視察した。そして、ヘレニズム文化の洗礼を受け合理主義思想に立ち返り、一八九五年以降、ルネサンス国家建設のために建築家をエコール・デ・ボザールに留学させ、ルネサンス建築をウィトルウィウスが確立した古代ローマ建築教育のメッカに学ばせた。帰国後、彼らは近代化の先兵として、建築デザインをとおしてルネサンスの国づくりに勤しんだ。それはイタリアン・ルネサンスより約三〇〇年遅れてのことである。

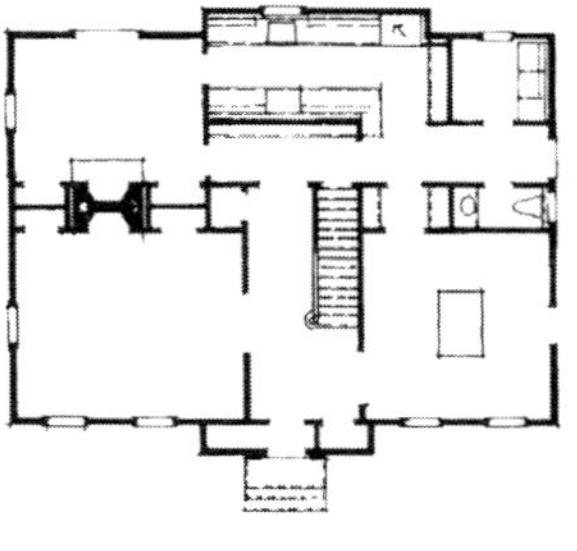

急勾配の切妻屋根で、住宅棟内部に煙突があり、屋根にはドーマー・ウィンドーがある。玄関部分にはペディメントが設けられ、壁付柱によって飾られている。ダブルハング・ウィンドーには鎧戸が取り付けられ、パラディアン窓が中央に取り入れられている。軒庇にはデェンティル(歯型装飾)化粧繰型で装飾されている。

その例外は、ローマ法王庁に離婚を認められなかったヘンリー・チューダー(ヘンリー八世)が統治するイギリスであった。イギリスは王権神授説を認めた上で、ヘンリー八世がローマ法王庁に反旗を翻してイギリス国教会を創設し、神の名の下、国王自らのお手盛りでイギリス国教会ウエストミンスターの司教からイギリス王の王権を手に入れた。ヘンリー八世はローマ法王庁と徹底的に対決し、国内の修道院を廃止し、カトリック教がイギリスに持ち込んだ石造教会や石造の修道院を破壊した。代わりに、アングロ・サクソン固有の船大工の手による木造建築(「ブラック・アンド・ホワイト」または「ハーフティンバー」という)を復興した。当時のイギリスはローマ法王庁により鎖国させられたため、ヨーロッパでは大陸中で「グランドツアー」が盛んになった頃、イギリスの指導者はルネサンスを学ぶことができず、イギリスへのルネサンスはフランドル地方を経由した繊細な装飾のルネサンス建築でしか見られなかった。

ヘンリー八世の死後、あとを継いだエリザベス女王の時代、イギリスは「グランドツアー」への参加を許された。イギリスからは、イニゴー・ジョーンズ、ウィリアム・アダムズ、サー・クリストファー・レンなど、イギリスを代表する建築家たちが相次いで「グランドツアー」に参加し、イタリア、フランス、スペインなどイタリアン・ルネサンス建築の本場の建築を見て、それをイギリ

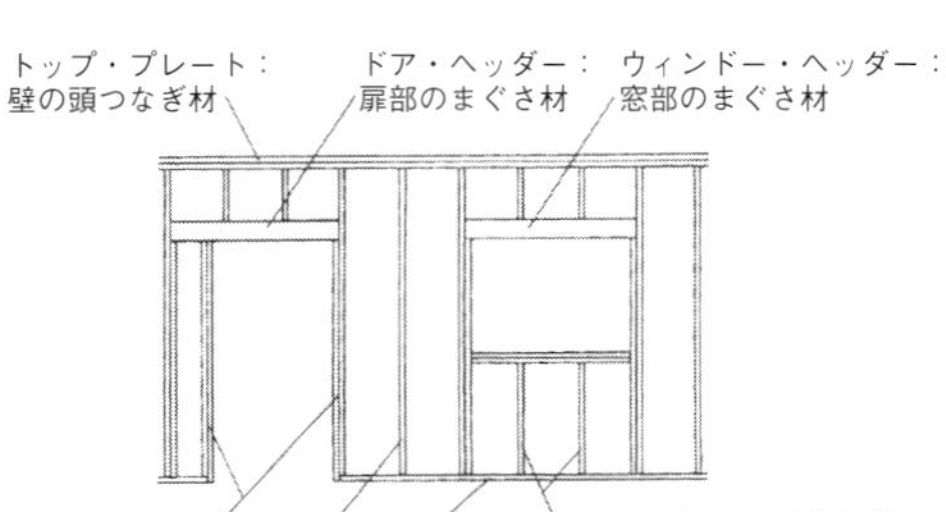

フレーム・ワーク
現在のツーバイフォー工法(プラット・フォーム・フレーム)の壁パネルフレームで、合板(四×八)は横張り。

スで建築した。
一六六六年、英蘭戦争の真最中、オランダの戦艦がテムズ川を遡って侵入してきたとき、ロンドンのシティにあるパン屋から火災が発生し、ロンドン市街地の約八五パーセントが焼失した。大火災になった原因は、それまでのロンドン市街地がバイキングの船大工の技術で建設された木造市街地であったためである。ロンドンのピカデリーサーカスの近くに、ロンドン大火の焼失を免れたリバティ百貨店が建っている。この建築物は、大火前のロンドンを思い起こさせてくれる。このロンドン大火災からの復興において、ルネサンス様式でセントポール大聖堂を設計したサー・クリストファー・レンがイギリス王室建設局の建築総監となり、ルネサンス様式のレンガ建築で復興したため、設計者・レン(Wren)とルネサンス(Renaissance)とを結びつけた新語、レネサンス(Wrenaissance)が誕生した。

イギリスの火災研究はロンドン大火に始まる。有機物(木材)の燃焼エネルギーを鎮圧する学問として生まれ、建築物を燃焼させないように開口部の前面には、日本の「被害防止」とは反対の考え方である「加害防止」の空間を義務づけ、木造建築物が都市火災の原因にならないよう防火地域(ファイアー・ゾーニング)という木造建築禁止区域を設定した。また、開口部から火災が拡大し

プラット・フォーム・フレーミング
各階ごとに柱材が独立している構造。合板と一緒に開発された平版構造、プライウッド・ダイアグラム(平版構造)理論による。

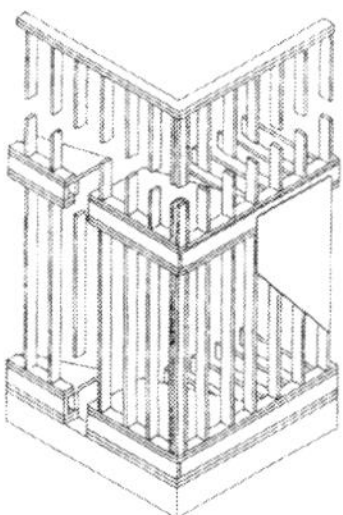

ないよう、隣地境界線からの開口部の距離と開口部周囲の防火構造が厳しく決められた。

参考までに、日本の防耐火技術は、鉄筋コンクリートが火熱で構造耐力を失わないようにする技術と、延焼防止とでつくられている。また、ツーバイフォー工法による市街地火災の後は、防火区画(ファイアー・コンパートメント)の技術で可燃物の火災拡大を防ぎ、防耐火技術は有機材中心に確立された。

ロンドン火災の被害の甚大さを示すエピソードとして、テムズ川の悪臭の話がある。ロンドン大火以前、ロンドンでは屎尿をテムズ川に浄化しないで放流していたため、市民はその悪臭で苦しんでいた。しかし、ロンドン大火でロンドン市民が減少したため、テムズ川が清流に戻った話が書籍『アンダーグラウンド・ロンドン』で伝えられている。

また、ロンドン大火の出火地点にある高さ六〇メートルの記念塔(モニュメント)には、ロンドン市内および防火地域での木造建築を禁止し、ルネサンス建築様式のレンガ・石造建築と木造建築との闘いをした歴史が記述されている。赤レンガで建設された「レネサンス様式」のデザインは、七つの海を支配したイギリスの植民地で建設されたため、イングリッシュ・レネサンスはイングリッシュ・コロニアルと呼ばれ、やがて、単に、コロニアルと呼ばれるようにな

バルーン・フレーミング
一八三〇年代の製材と量産所の生産を背景に自然発生的に育った通し柱軸組木造工法。通し柱工法で、初期のシカゴの町がこの工法でつくられたことから、シカゴ工法と呼ばれていた。

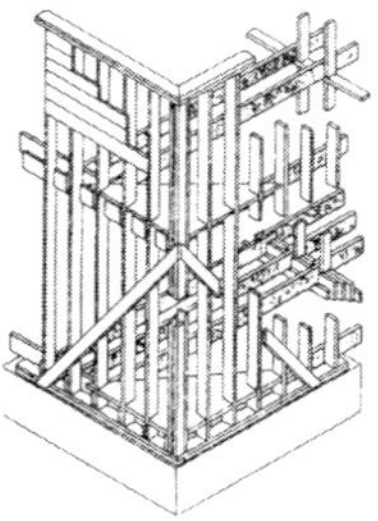

った。

約八五パーセントを焼失したロンドンの跡地をルネサンス様式の赤レンガ建築で復興したため、ロンドンはレンガによる不燃都市、ルネサンス建築のメッカと言われるほどになった。イギリスでは石造建築物の汚れは清掃すべきとされてきたが、レンガ建築の汚れは歴史を感じさせるという理由で原則、清掃は禁止された。しかし、石炭を暖房や調理に使ったときに発生した大気汚染で真っ黒になったレンガを、二〇〇二年のロンドンオリンピックに際して試験的に清掃したところ、昔の美しいレンガを復活できることがわかり、それまでの歴史景観を守るための「レンガ建築の清掃禁止」の規定が変更された。その結果、ロンドンは大清掃によって昔の姿を現し、明るい都市に再生された。

アンドレア・パラディオの『建築四書』とルネサンス建築教育

古代ローマのウィトルウィウスの建築を学ぶ教育は、ルネサンスの原点といわれ、一六七一年、フランス建築アカデミー(エコール・デ・ボザールの前身)で、『建築四書』を使って教育することとされた。『建築四書』は古代ローマ建築デザインと同じもので、パラディアン様式とも呼ばれ、世界中にルネサンス建築様式のテキストとして広がった。イタリアン・ルネサンスが一三〜一六世

ティンバー・フレーミング

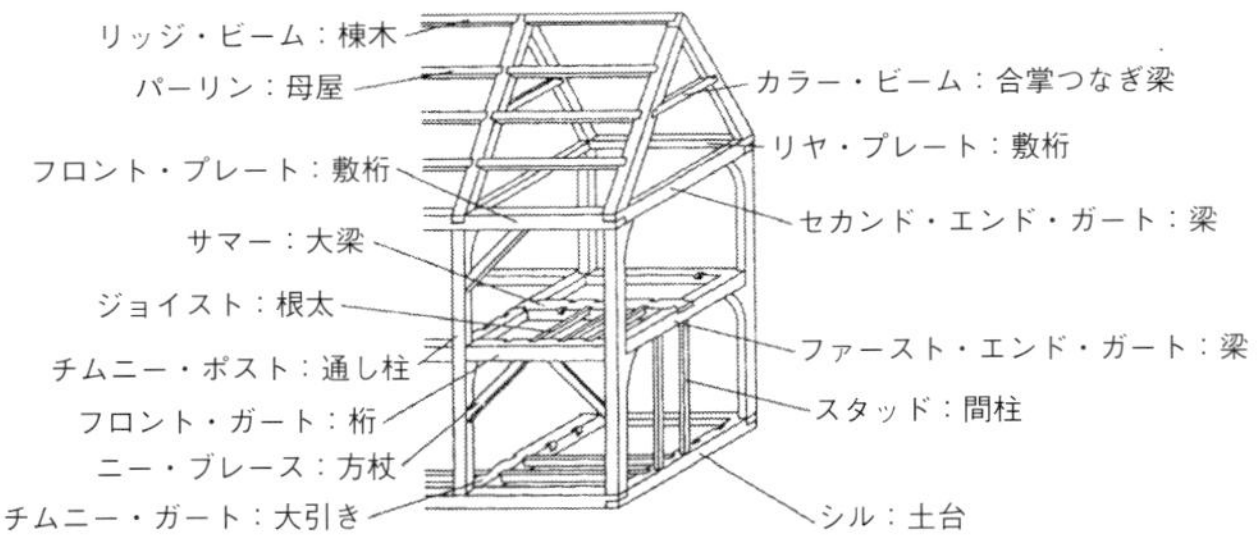

紀に最盛期を迎えているが、ルネサンス様式の建築が登場したのは一六世紀になってからである。その理由は前にも述べたが、アンドレア・パラディオによるヴィチェンツァでの建築以降に『建築四書』(一五七〇年)がまとめられ、一八七九年に入ってからフランスのエコール・デ・ボザールにおいてウィトルウィウスの建築の学習が行われたからである。

岩倉遣欧使節団(一八七一〜七三年)をはじめ、明治政府がこうした事実を知らなかったわけではない。それにもかかわらずイギリスの建築家コンドルが日本に招聘《しょうへい》された理由の記録はないが、当時の事情から推察することができる。

イギリスでは、ロンドン大火の復興でクリストファー・レンによりルネサンス様式のレンガ建築が建てられた。ちなみに、このときつくられたレンガの標準設計は、新しく独立したアメリカの都市住宅の開発にあたって、ウィリアム・ペンがイギリスに出かけ、ロンドン火災後の復興事業が終わり仕事のなくなった大工やレンガ工に「緑の大地に出かけ金儲けをしよう」と誘い、ペンシルベニア州の州都フィラデルフィアを建設した際に利用されたことでも知られている。カーペンターホールは、イギリスからやってきた大工建設業者がつくったといわれるもので、ここで植民地最後の議会が開催された。

その後、ヴィクトリア女王の夫・アルバート公が総裁となったロンドン万国

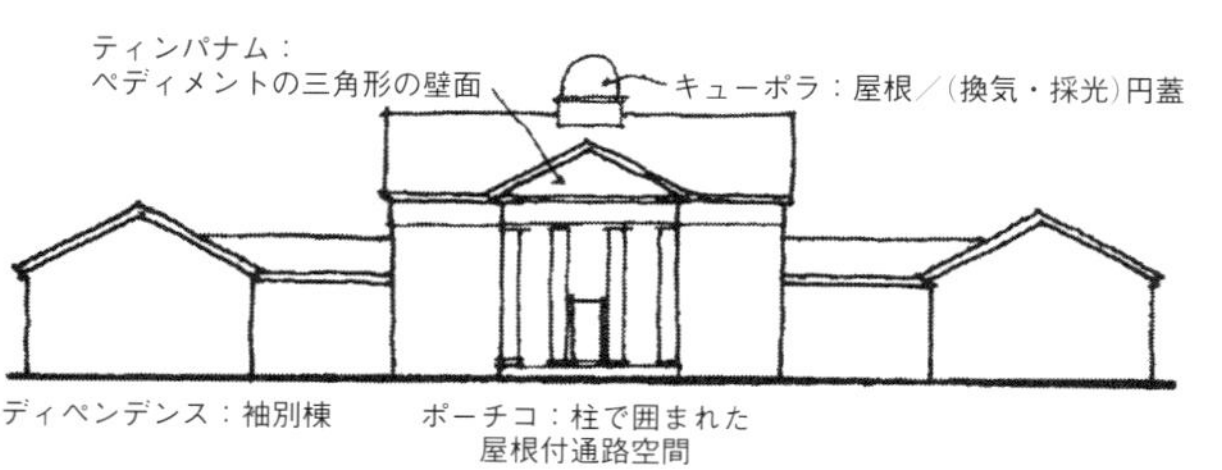

パラディアン様式の5つの構成要素

博覧会（一八五一年）がハイドパークで開催され、水晶宮をはじめ世界を驚かせた建築で世界の目を引き付けた。さらに、博覧会で得られた膨大な利益でイギリス王室がハイドパークに面した大きな土地を取得し、そこにアルバートホール、アルバートミュージアムをはじめアルバートスクエアのレンガマンションや王立音楽大学など、話題となったヴィクトリアン様式のルネサンス様式建築物が赤レンガ建築として多数建設された。

　このように、明治時代に世界でルネサンス建築を最も盛んに建築していた国がイギリスであったため、明治政府はイギリスからルネサンス建築を学ばなければと考えていたに違いない。日本海軍がイギリスに倣うようになったことも、イギリスからのルネサンス教育受け入れの支援となった。江田島や舞鶴、横須賀の海軍施設は、イギリスの赤レンガを使ったルネサンス様式建築である。

　やがて、エコール・デ・ボザールに留学したアメリカの建築家たちがそこで学んだ建築デザインを自国で建設した。それらはアメリカン・ボザール様式やアメリカンルネサンス様式と言われて話題となり、ルネサンス様式の原則に忠実に、ときには誇張して建設されていた。しかも、明治時代にはアメリカで最も盛んにルネサンス建築が進んで建てられていた。アメリカには日本から多くの建築家が学びに出かけることになった。なかでもアメリカは、民主国家のデ

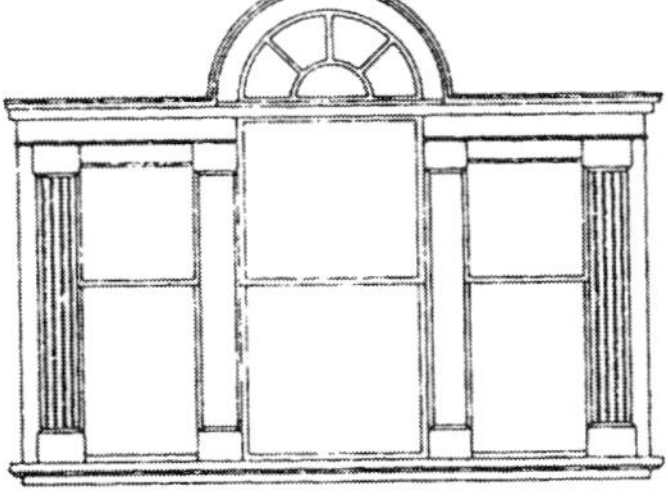

パラディアンウィンドー（窓）
最初は等間隔ではない柱列の建築物の外観を、等間隔であるかのように見せる技法として、同じファンライトにあるラウンドウィンドーの両袖に、幅を調整する窓として開発された。その後、中央のファンライトのあるラウンドウィンドーと両袖窓を一つにした装飾窓は、「パラディアンウィンドー」としてひとり歩きするようになった。

ザインとしてルネサンス様式を積極的に取り入れた。

塩野七生著『ローマ人の物語』にも頻繁に記述されているとおり、古代ローマのユリアス・シーザーの政治にそっくり倣った政治とルネサンスの魂を継承した国がアメリカ合衆国である。アメリカン・ボザールはヨーロッパの建築作品と比べて建築サイズが一回りも二回りも大きく、プロポーションや様式のアカデミックな正確さよりも、建築の装飾の彫りが深く強調されたデザインになっている。一八八八年から一八九五年にかけて建てられたボストン公立図書館、コロンビア大学図書館、ヴァージニア大学図書館、ニューヨーク大学図書館は、アメリカン・ボザール様式を中心となって牽引したマッキム、ミード・アンド・ホワイト建築設計事務所による設計である。また、カレル・アンド・ヘイスティングズによるアメリカ自然史博物館（一八九七〜一九一一年）も、その代表的建築としてよく紹介されている。

わが国においてもアメリカに留学した建築家たちが、アメリカン・ボザールの影響を受けた建築物を帰国後に国内において設計した。横河民輔が設計した初代三井本館（一九二九年）、旧帝国劇場（一九一一年）、旧東京証券ビル市場館（一九二七年）、三越百貨店本店（一九〇二年）、野口孫市が設計した大阪府立中之島図書館（一九〇四年）、岡田信一郎が設計した明治生命館（一九三四年）、渡

ジョージアン様式（南部地域）
一七一五〜一七八〇

対称形の立面
煙突は両外壁面へ移動

辺節が設計した日本勧業銀行（一九三〇年）、日本興業銀行（一九二三年）、大阪商船神戸支店（一九二二年）、大阪ビルヂング（一九二五年）、綿業会館（一九三一年）、渡辺仁が設計した服部時計店（一九三二年）などに、その影響が見られる。

日本では、ルネサンス建築はすべて和魂洋才による建築意匠としてアメリカン・ボザールが取り入れられた。辰野金吾の片腕で日本銀行増築工事を手掛けた長野宇平治は、ルネサンス建築様式の小規模で美しい日本銀行松山支店（一九三二年）を設計した。この松山支店は後に保存を望む声が挙がり、私も愛媛県住宅建築課の課長時代に公私両面で参加した松山市民の保存運動は、地元の建築家・松村正恒氏、『明治の東京計画』や『日本の近代建築』を著した近代建築に造詣の深い建築探偵団の藤森照信氏、河合勤氏ら愛媛県建築士会員等を挙げて取り組まれたが、記録保存に留まり取り壊された。愛媛建築士会としてはNHKロビー展を行い、その成果を単行本『愛媛の近代建築』として出版した。

ルネサンスは古代ギリシャ・ローマへの回帰と説明されることが多いが、ルネサンスが始まった一四～一五世紀のギリシャはイスラム教国の勢力下にあり、ギリシャの存在自体が神話の中の国と考えられていた。一九世紀、ドイツ人探検家で博物学者のハインリヒ・シュリーマンが、古代ギリシャの詩人ホメロスが書いた『イーリアス』と『オデュッセイア』のギリシャ神話を実在の話と信

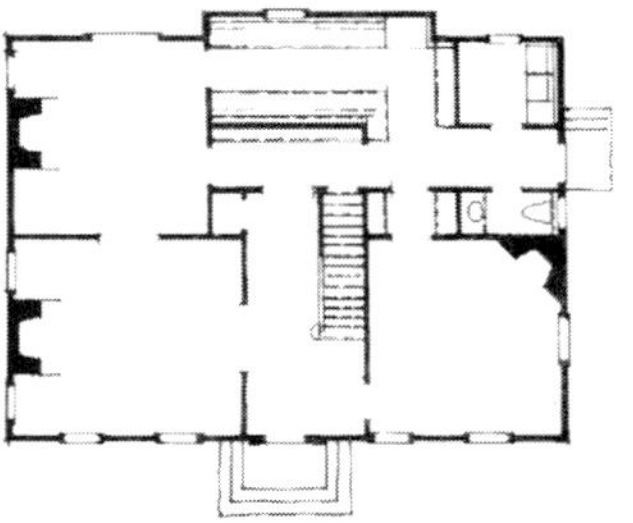

急勾配の寄棟屋根で、住棟の両端部に煙突が配置され、屋根にはドーマーダブルハング・ウィンドーが対称形に配置されているが、鎧戸は付いていない。玄関には、半円形のペディメントが柱頭飾りにある壁付柱に支持されている。軒庇回りにはデェンティル（歯型装飾）化粧繰型が使われている。

じ、「トロイの発掘」を成功させた。その結果、ギリシャの都市国家は神話の国ではなく、歴史上の国であることが証明された。

一七七六年、アメリカが建国し、民主国家を建設しようとしていたため、ルネサンス建築は民主国家建設のシンボルとされた。それ以上にギリシャが民主国家として現存していた史実が明らかになり、古代ギリシャの都市国家はそれぞれが個性的な色彩をもっていたことが判明した。そこで、ギリシャの民主主義をアメリカ国家の目標に掲げる意味もあって、アメリカではギリシャの都市国家のデザインにこだわり、建築物が彩色され、グリーク・リバイバル（ギリシャ復古）様式がワシントンやフィラデルフィア、チャールストンの建築に大きな影響を与えた。そのため、グリーク・リバイバル様式を見ると、アメリカ建国の国民の思い入れが伝わってくる。

サンフランシスコのアラモスクエアに群立しているヴィクトリアン様式の豪華な極彩色の高級中層木造邸宅建築「ペインティッド・レイディ」（彩色の貴婦人）に見るように、ゴールドラッシュによって大富豪がたくさん生まれ、その道楽として大邸宅を華やかな色彩で飾り、ギリシャ建築文化の再現を図った。

このように建築様式は、その様式が担っている政治思想を表現する手段となった。西欧人にとって建築様式は決して単なる形ではなく、自らが追い求める

フェデラル（連邦）様式
一七八〇～一八二〇

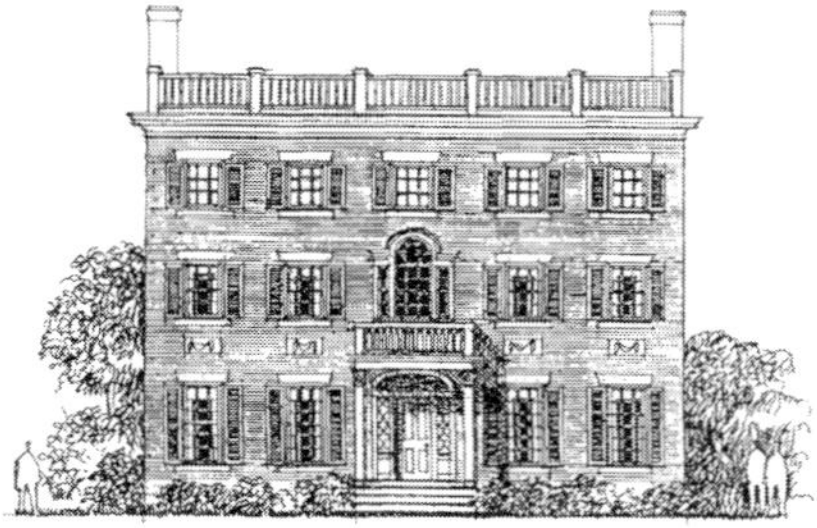

対称形の立面
フェデラル様式ではレンガの寸法精度が高まり、レンガ目地がほとんど消滅する。

思想や理想を表している。同じルネサンス建築でも、建築デザインをとおして建築主が社会に向かって訴えかける思想が感じられるアメリカの建築と、「わが国も欧米と同等以上の建築を建てられる文明国家である」と背伸びをしている日本の建築と、日米のデザインの受け入れ方には、基本的に違いがある。

アメリカの建築家に影響を与えたルネサンス建築様式

アメリカのルネサンスの考え方は、民主主義国家建国以来の政治の考え方の原点になり、アメリカは建国当時の旗印としてルネサンスを掲げた。アメリカを代表する建築家たちは、ルネサンス建築様式の建築を建てるために競ってヨーロッパの「グランドツアー」に参加し、フランスのエコール・デ・ボザールに留学した。その第一回留学生が、リチャード・モリス・ハントやヘンリー・ホブソン・リチャードソンであり、それに続いたのがルイス・サリバンやチャールズ・フォレン・マッキムなどである。彼らはエコール・デ・ボザールでルネサンス建築を学び、アメリカにもち帰ってルネサンス建築を設計し、その建築を施工して全米に広めた。やがてルネサンス建築で全米を席巻し、「ルネサンス建築以外はまともな建築ではない」と言わんばかりの時代をつくったアメリカン・ボザール様式の最盛期であった。

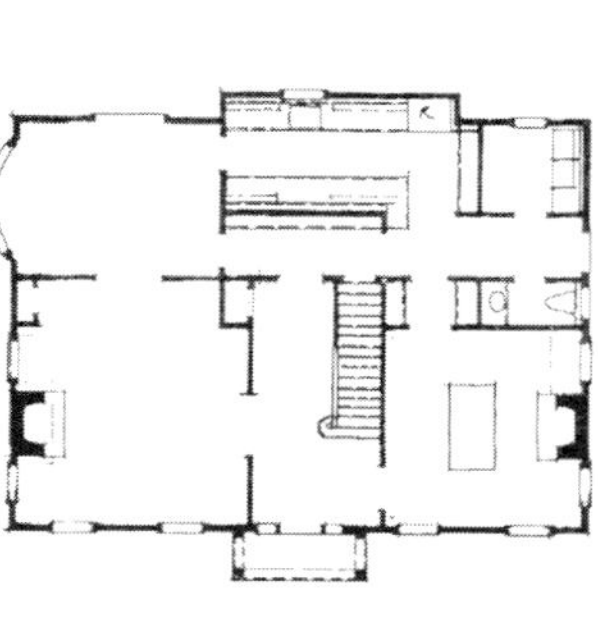

陸屋根には屋根手摺りと棟両端に煙突がある。玄関には、パネルドアの周囲にトランザム(欄間)と側窓、その前にポーチコがあり、柱頭飾りのある柱で支えられ、その上部にバルコニーが設けられている。パラディアン・ウィンドーを中央に、鎧戸付ダブルハング・ウィンドーが対称的に設けられ、アダム様式の壁装飾を採用。

その最盛期の一九八三年、コロンブスのアメリカ大陸発見四〇〇年を記念し、シカゴ・コロンビア万国博覧会が開催された。この博覧会は、マッキムが指揮を執ったルネサンス様式中心の白い外壁建築が多いことから「白の博覧会」と言われ、世界各国からそれぞれの国を代表するルネサンス様式の建築物が出展された。日本からは、わが国を代表する建築物として宇治の平等院鳳凰堂（寝殿造り）の二分の一の模型「鳳凰殿」を出展したが、日本でプレカットした木材が宮大工の手で組み立てられたことで話題になった。

その頃、浮世絵の収集で日本文化に関心をもっていたフランク・ロイド・ライトは、エコール・デ・ボザールに留学を勧められていたがそれを拒否し、サリバンの下でシカゴ派を結成し、摩天楼時代の超高層建築物にアール・デコの設計を行っていた。そして、寝殿造りの影響を受けたライトはプレーリー様式を開発した。シカゴ・コロンビア万国博覧会ではライト自身も駅舎建築に関係していたが、連日会場に出掛けては鳳凰殿の建築を見学したという。

寝殿造りの建築様式は、もともと中国の大平原に建つ回廊でつながれた貴族の邸宅建築である。これが、飛鳥・天平の時代に遣隋使や遣唐使により仏教とともに日本に持ち込まれた。「四神相応の地」の風水（地上と天空の水のエネルギーを基本に取り入れた中国の都市計画）の思想では、天子（天皇）は、天帝（神）

ネオクラシカル（新古典主義）様式
一七八〇〜一八二五

の意志を体現する。そのためには、天皇の政所は地母(神)の中心「穴」に立地させる。そうすることによって、天帝(神)の意思を戴した政治を行うための政庁に建築デザインとして表現された風水の政治思想環境が形成される。「政教一致」の政治思想に立つ天皇政治は、四神(玄武、青龍、白虎、朱雀)に守られて、雲と河川が運ぶ水の「気(エネルギー)」の流れを淀むことなく穏やかに都市全体を潤し、天皇の政治は遍《あまね》く国民を豊かにする。天子が政治を行う寝殿造りによって建築された政庁は、飛鳥・天平時代の国家最高の仏教建築である。平等院鳳凰堂はわが国を代表する仏教思想の建築様式で、藤原頼通が極楽浄土を象徴した池を回廊でとり囲む仏教建築のモデルと言われる。また、明石の入道の邸宅のように、地方の豪族は中央の貴族に倣い、競って館を寝殿造りでつくった。

平等院鳳凰堂は、ライトのプレーリー様式の基本モチーフに取り入れられた。ライトが設計した明日館(池袋)の前面に立ち、「明日館の校庭を、極楽池に読み替える」と、平等院鳳凰堂を見ている感じがする。基本となる建築デザインのモチーフが同じだからである。わが国の歴代の統治者は、その当時の思想を建築のデザインに取り入れたということでは、古代ローマの統治者やルネサンスを進めた政治家と同じである。

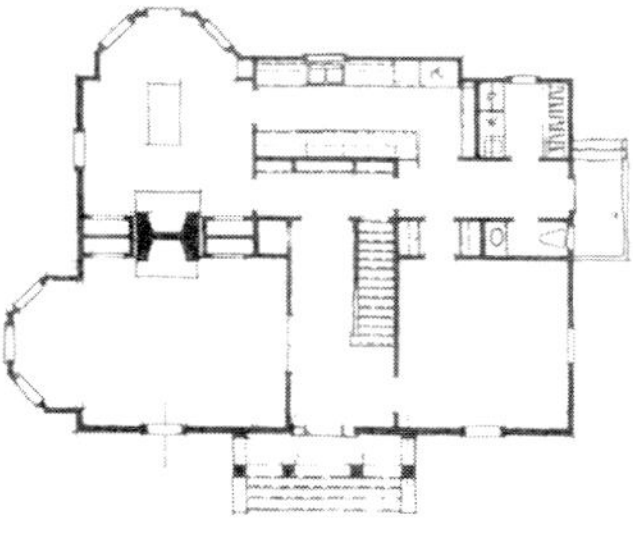

正面は対称形で、中央部に柱頭飾りのある柱に支持された二階建てのポーチコとバルコニーが計画されている。ダブルハング・ウィンドーが対称形に配置されている。屋根は寄棟造りで、建築内部に煙突が設けられている。建築の側面および背面一階部分にベイ・ウィンドーを取り入れ、その二階部分はバルコニーとしている。

ライトは、浮世絵と平等院鳳凰堂の建築をとおして日本文化の理解者となった。当時の日本大使から贈られた岡倉天心の『茶の本』(原著が英文)の影響を受けたと、ライト自身の日記に記述が見られる。日本の建築デザインの根底に流れる思想や平等院鳳凰堂のデザインに共鳴した記述を見る限り、日本の寝殿造りの思想やデザインが、ライトの設計思想やプレーリー・デザインに影響したことに疑問の余地はない。しかし、ライトは一貫して、自らの建築デザインが日本建築から影響を受けたとは言及していない。それは、わが国が欧米にとって非文明国のように思われていた時代背景によるものである。ライトがデザインのオリジンが日本の寝殿造りであったことをあえて外部に漏らさなかった理由は、当時の「ジャポニズム」の人気とは別に、わが国はシビルロウ(民法)のない野蛮な国であり、ルネサンス推進派からの無用の批判を避けたためと推察される。

寝殿造りの設計思想は、人文科学の思考に立ち、世界の建築設計思想に共通するもので、サリバンやライトの建築思想と共通する受け入れやすいものであったため、ライトのプレーリー・デザインの骨格になっただけでなく、欧米の建築家からも広く受け入れられた。南カリフォルニアのギャンブル邸は一九世紀末のジャポニズム建築の代表例である。

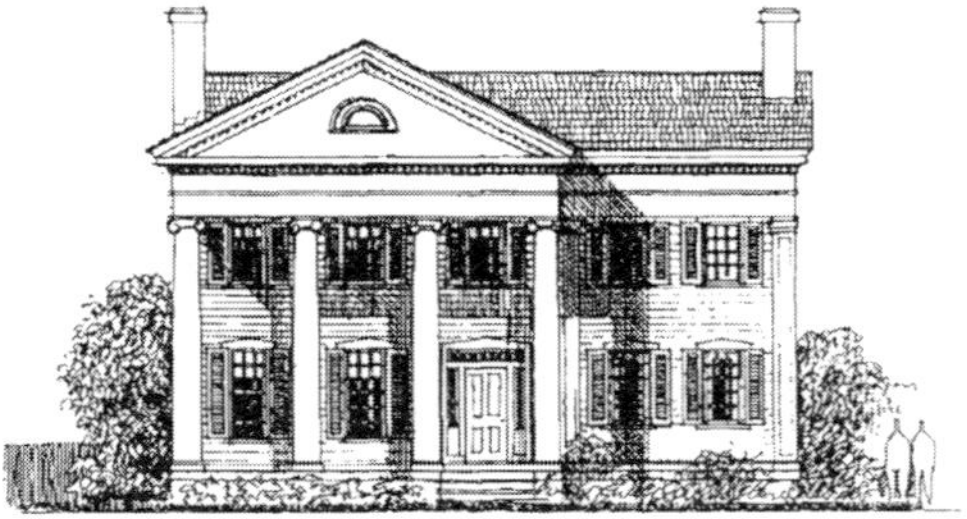

グリーク・リバイバル(ギリシャ復古)様式
一八二〇〜一八五〇

「ジャポニズム」は、ロンドン万国博覧会の頃から、江戸時代の日本の近世文化に対する欧米の関心の対象となり、それはアール・ヌーボー、アール・デコ、アーツ・アンド・クラフツ、モダニスモ、ゼツェシオン、ユーゲント・シュティールなど、欧米の一九世紀末のデザインとの共通性により共感が高まった。その時代的背景もライトのプレーリー様式の人気を高めたが、その人気がマッキムら、アメリカン・ボザールを推進するルネサンス建築支持派の反感を買い、アメリカの建築界でライトは差別を受けることになった。

　その頃、欧米から日本へ旅行者が急増したこともあり、欧米でのライトの人気を評価し、日本に洋風ホテルを建築しようと「帝国ホテル」の構想が生まれた。日本国内で「洋風ホテル」のニーズに応えるため、ライトが日本に対してアメリカ固有のデザインとプレーリー様式を説明した理由は、帝国ホテルの設計者に選考されるための戦術だったのではないかと私は考えている。やがて帝国ホテルの設計者にはライトが選ばれることになった(六頁下段「大和絵風のH・F・マコーミック邸の俯瞰図」参照)。

　ライト自身、浮世絵取引で多くの日本人の理解者があり、その人的関係によって帝国ホテルの設計者に選ばれた。ライトはアメリカで高い評価を受けていることや、時代を代表するアメリカの建築家であることから選ばれたが、そこ

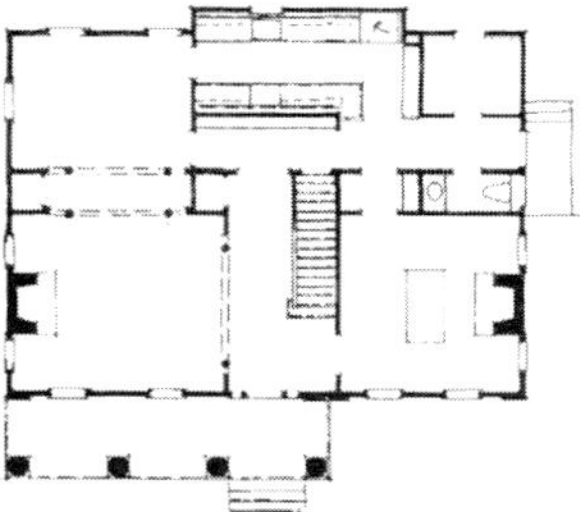

緩い勾配の切妻屋根または寄棟屋根。玄関部分には、二階部分まで吹き抜けのポーチコが設けられ、大きな切妻屋根の妻側を前面にしたポーチコは、イオニア様式、コリント様式等の柱頭飾りのある柱で支えられ、桁壁(フリーズ)と軒蛇腹(コーニス)飾りの装飾、細長いダブルハング・ウィンドーには鎧戸があり、玄関扉には欄間と側窓とがある。

には日本の建築との関係はまったく取り沙汰されていない。そして、ライトが設計した帝国ホテルは、サリバンのアール・デコの影響を受けたプレーリー様式と言われるものであった。

しかし現在振り返ってみると、帝国ホテルのデザインの基本的コンセプトは、中国の大平原に建つ仏教思想の邸宅建築を起源とする寝殿造りのデザインをモチーフにしたプレーリー(大草原)様式の建築であった。プレーリー様式という名称も、アメリカで生まれた独自性を強調するためのものであった。アメリカの建築様式の区分では、インディジェネアス(アメリカの先住)様式とされている。その建築デザインは、一九世紀末のデザイン、なかでもサリバンが推進者であったアール・デコの幾何学的なデザインで、中世のバナキュラなデザインを幾何学的な繰り返しで安価に生産できるデザインに変えたものであり、江戸時代のわが国の伝統的な建具職人の技能である。見方を変えれば、帝国ホテルは寝殿造りの日本への里帰りであった。

ゴシック・リバイバル(復古)様式
一八四〇〜一八六〇

3――日本の近代建築教育

日本の建築学――意匠か、構造安全か

日本の近代建築教育は、西欧のルネサンス様式の設計技術を意匠技術(設計製図技術)として受け入れたものであった。わが国の建築施工技術は、江戸時代にすでに確立していたので、ルネサンス建築様式であっても、建設工事であれば、わが国の木造建築、左官、瓦職人技術で対応できると考えていた。わが国の木造建築技術は、徳川三代将軍家光の時代に規矩術が完成し、標準化、規格化、単純化、共通化された木工技術として確立し、全国から大工・左官を集めて日光東照宮の造営を実施したように国家的に技術の国内統一ができ、江戸時代の職人の移動は全国的規模で広く行われたため、明治時代になっても近代建築の建設のために職業教育を必要と考えていなかった。

そのため、建築工事における高等教育を、土木のような土木技術者養成から行う必要はないと考えていた。日本の工部大学校でルネサンス建築意匠教育を始めた理由は、建築技術教育が目的ではなく、もっぱら意匠(図案)教育のためであった。西欧の木造建築の歴史を振り返ると、バイキングが北欧を中心に木

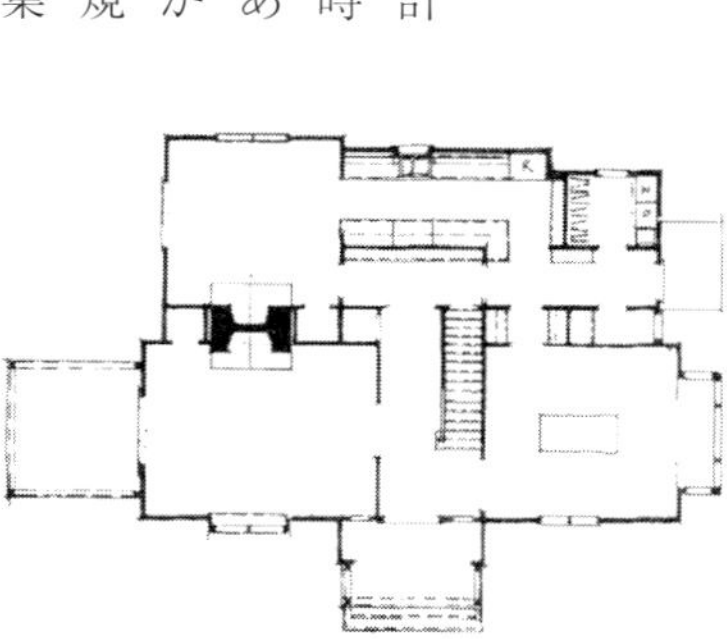

全体としては、ピクチャレスク(絵画的)様式のコテージやキャッスルの外観。急勾配の屋根が十字形に交差し、装飾的な縦板張りはゴシック・アーチや、窓のフードとともに縦のデザインを強調。軒や切妻飾り、棟飾りのほか、手摺りに肌目細やかなゴシック・デザインを取り入れ、窓は小さなガラスを鉛でつないだ観音開きのケースメント・ウィンドー。

造船築造の技術を使ってつくっていた。船大工の技術を使ったハーフティンバーの技術はポスト・アンド・ビームの技術である。日本の木構造の神社・仏閣・城郭、蔵、邸宅などの技術・技能は、北欧の船大工の技術と比較して遜色ない。それは、構造技術の高さと一体的になった多様な建築様式をつくり上げる技術・技能として、世界で最高の水準にあった。

明治時代、欧米の近代化を学ぶ理由は、日本を欧米と対等の文明国と評価してもらうためで、そのために必要な建築技術はルネサンス・デザインの建築設計技術だと考えられた。しかし、建築用途として、官公庁、兵舎、学校、工場、倉庫等の建築物には欧米でもレンガ建築が主流であったことから、欧米の関係機関と対等の関係をつくるため、欧米の建築物と同じレンガ建築が持ち込まれ、全国的に官主導で非常に早く普及した。よく知られているものでは、銀座、築地、丸の内、横浜などの街並み建築、駅舎(鉄道省)を含む官公庁舎、陸・海軍の施設、学校、富岡製糸工場、横浜港、長崎港、函館港、小樽港の倉庫等がレンガ建築で建てられた。

日本のレンガ建築は、富岡製糸工場と島原のキリスト教礼拝堂がフランスのレンガ建築である以外は、ほとんどがイギリスのレンガ建築である。そのレンガ建築には、レンガ積みを構造下地材として使い、仕上げを漆喰塗りまたはモ

スイス・コテージ様式
一八四〇～一八六〇

ロンドン郊外の地下鉄スイス・コテージ駅の駅舎のデザインで、当時の人気を表している。

ルタル塗りとする施工方法と、赤レンガ化粧積みという構成材を化粧材として使う施工方法の二種類がある。いずれのレンガ建築も、大工、左官、鳶、瓦職人、指物大工という既存の建設職人の手で、特段の教育訓練を施さなくても建てられると政府は考えていた。ただし、天皇家の玄関として辰野金吾が設計にこだわった東京駅は、鉄骨造レンガ外壁で日本に前例のない建築物であったため、工部大学校の優秀な卒業生が施工のためにレンガ積みの実寸図面を作成したという歴史秘話を元日本建築協会会長・大江宏氏から伺ったことがある。

建築教育の大転換と人文科学不在の建築・都市計画教育

一九二三年(大正一二年)、関東大震災によって近代建築物や日本の伝統建築の多くの建物が倒壊した。西欧から取り入れられたルネサンス建築において設計と施工のいずれにも耐震技術が取り入れられておらず、関東大震災で大きな被害を被った。コンドルが設計した東京帝国博物館本館や宮内省(現宮内庁)本館も関東大震災で崩壊した。

そのため、日本の建築学教育として取り組まれた近代建築の意匠建築教育は間違っていたと、東京大学建築科主任教授、佐野利器は判断した。そして、すでに土木学科には欧米の建設工学(シビルエンジニアリング)から「構造力学」

ピクチャレスク(絵画的)様式の一種。緩い屋根勾配の切妻屋根で、玄関部分に妻入りの二階建てポーチ(二階部分ベランダ)が付いている。柱、梁部分は構造体(または化粧)の枠材の押えで構成(スティック様式的)、玄関ポーチ部分の構造体を化粧にも使い、方杖、筋かい、手摺り(板)をすべて山小屋風の装飾にしている。鎧戸付のケースメント・ウィンドー。

体系が導入されていたにもかかわらず、それを受け入れようとせず、自ら東京大学理学部長の長岡半太郎教授から理論物理学としての「力学」を学び、それをもとに建築構造向け応用理論を構築し、それを「応用力学」と命名して建築構造学体系にまとめた。さらに、現在の日本建築学会の前身である造家学会に対し、学校教育で行う建築教育は「意匠か、構造か」という二者択一の判断の論争を挑み、大学の建築教育全体を抜本的に見直し、建築教育は建築構造教育に転換すべきと厳しい論陣を張った。

造家学会(現日本建築学会)は、明治時代に東京大学がイギリスのロイヤル・アカデミーに倣ってインターカレッジで建築学研究の交流をする場として設立させた経緯があり、建築教育は造家学会を介して全建築教育に反映させる運営が行われ、日本の大学建築教育の方針を転換するときには造家学会の合意が必要であると考えていた。都市計画法および建築基準法の前身である市街地建築物法の制定にあたり、内務省の行政と対応する形で技術のとりまとめは造家学会が行う「官学協力体制」が不文律で決められ、行政上の技術基準の作成では造家学会の技術委員会が内務省の要請で結成され、原案を取りまとめてきた。大学における建築技術者の教育も、建設行政の暗黙裏の了解として造家学会での合意を必要としていた。そして、それまでの意匠(デザイン)教育は建築学教

イタリアン・ヴィラ(別荘)様式
一八四五〜一八七〇

育から完全に除外され、それに代わる技術として耐震建築技術教育が建築教育の中心に置かれた。アメリカのUBC(Uniform Building Code＝ユニフォーム・ビルディング・コード)を参考にした防耐火避難基準の大改正は、当時の建設省住宅局課長ならびに専門官が日本建築学会に頼らずに行い、その下で私も立法作業に携わった。この建築基準法第五次改正を機に官学癒着の関係は解消され、日本建築センターが日本建築学会の役割を担うことになった。

また、建築学科で取り入れた応用力学に対応して、建築構造学として鉄筋コンクリート構造学、鉄骨構造学、建築材料学が、いずれも土木学科とは別個の構造・材料学として構築された結果、建築学と土木工学は日本において欧米と違った別の学問体系になった。鉄筋コンクリート造を例にすると、構造材料および施工方法については、土木構造と建築構造は同じ鉄筋と骨材(砂と砂利)とセメントを使いながら、コンクリートの調合方法から施工方法まで完全に別の技術体系であり、材料の調合構成もスランプも、施工時の振動を加える施工方法も、建築学と土木工学とでは別の材料と構造となっている。

日本と欧米の建築学と土木工学とは著しく相違しているというよりも、日本の建築学が世界とは基本的に異なったものとなっている。住宅・建築・都市計画は、欧米では人文科学として建築教育を行っているが、日本には都市計画は

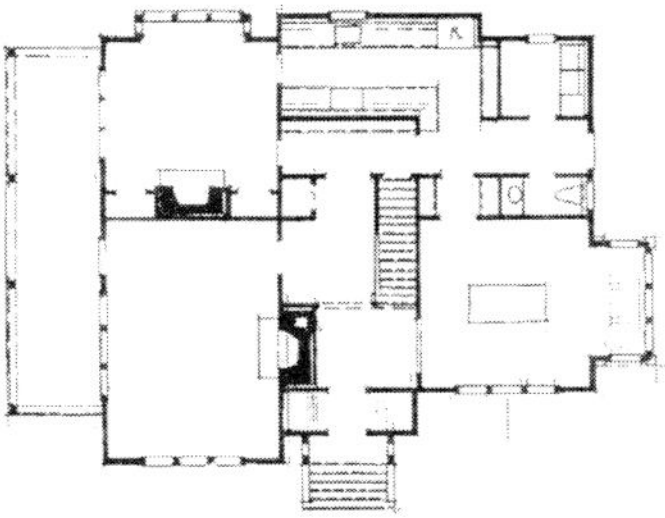

二〜三階建ての建築。切妻屋根で、玄関や袖棟は正面に向けて切妻屋根入りで化粧。窓は半円形アーチのフードで装飾された一枚ガラスのサッシを用いたダブルハング・ウィンドー。玄関ドアには欄間と側窓がある。庇部分には、デェンティル(歯型装飾)化粧繰型と腕木とが突き出したデザインで張り出し、玄関部分は塔をデザインした形を取り入れている。

なく、それに代わって都市施設計画を都市計画と考えた。土木工学と建築学はいずれも、都市計画を都市施設計画という欧米の建設工学（シビルエンジニアリング）として研究・学習しているものである。道路、公園、下水道等の都市施設計画は、現実の都市の成長を見て計画される。

人文科学としての都市計画は、人類の生活空間を住宅・建築・都市空間としてつくり、そして育てるというコンセプトと、計画立案のロードマップづくりに始まり、都市成長のストーリーづくりとビジョニング、それに基づく基本設計と、それを具体化する実施設計によって住宅建築および都市がつくられ、そのつくられた住宅および都市環境を経営管理するという「ストックの住宅」経営の理論となっている。「ストックの住宅」理論とは、過去、現在、未来に連続する欧米の人文科学としての住宅と都市の環境形成・管理の建築学の理論である。その基本にあるのが土地利用計画である。わが国でも欧米の都市計画と似たものとするために、土地利用計画は都市計画を決定して定める都市施設であると説明し、都市施設計画を法定都市計画として定めるわが国の都市計画は、欧米の都市計画と同じものであると説明している。

都市計画に対して欧米と基本的に違うところは、欧米の都市計画は人文科学であって、そこでは、まず都市の基本コンセプトを歴史・文化的な流れとして

イタリアネイト（イタリア風）様式
一八四五〜一八七五

決定し、その次にそのコンセプトを実現するストーリーとビジョニングを行い、その二つをロードマップとして基本計画を作成する。わが国では、欧米で重視しているコンセプトづくりで市民の合意をつくり、コンセプトに基づいてストーリーとビジョニングをつくることは行われていない。わが国では政治と行政の目的を実現するために、既存の土地利用を破壊または変更し、都市改造のための工学（都市工学、土木工学または建築学）として土地利用計画の作成作業から始まる。つまりこれは、国民の私有財産権を蹂躙《じゅうりん》し、結果的に都市計画は産業利益を優先するために企業に与えられた既得権保護として始めているとしか考えられない。

わが国の「ものづくり」としての都市計画は、都市計画による経済効果を期待するため、開発・建設・販売により産業の利益を上げるための規制緩和が常に優先され、「スクラップ・アンド・ビルド」される都市開発、都市再開発、都市再生という施設都市計画を新設または改変することが、住宅・建築・都市政策として求められた。その結果、住宅・建築・都市産業が政治と結びついて経済的利益を上げる「フローの政策」理論が、わが国の建築、土木、都市の工学理論の中心として取り上げられてきた。国家の政治・行政は産業界の利益追求と裏表の関係で、都市計画事業が先行し、都市計画がそれを追認し正当性を

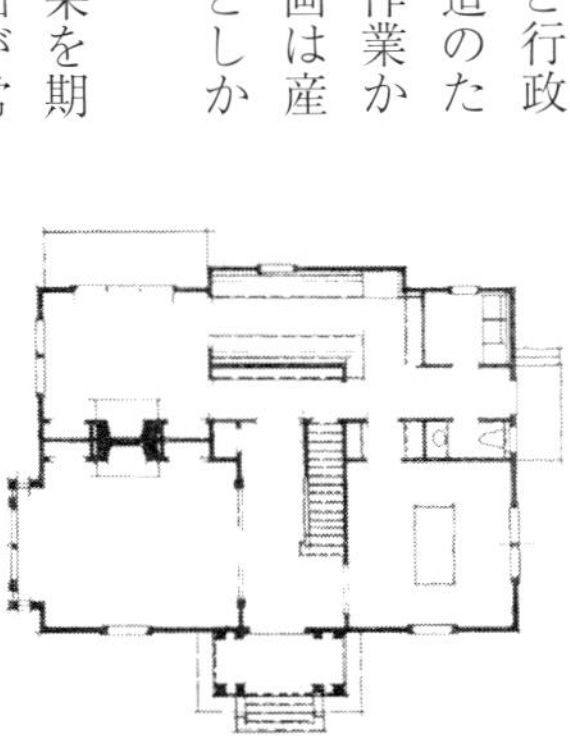

二〜三階建ての建築。緩勾配の寄棟造り（ときには切妻）の軒庇は、装飾された化粧腕木によって張り出している。ダブルハング・ウィンドーは一枚ガラスサッシで、窓上部はアーチフードの飾りがある。玄関扉は二枚扉で、その前のポーチコは柱頭飾りのある柱に支持されている。屋根の上には屋根窓が設けられている。

付与してきた。結果的にわが国の都市計画は、人々の歴史・文化を育む環境政策を犠牲にして、住宅・建築・都市産業の目先の利益を巻き込んだ建築と土木の利権争いと、産学官の利権争いの妥協点として定められるものである。目先の利益追求の抗争は、「後追い都市計画」の途しか選択できなくしている。

「仏造って魂入れず」の建築物の限界

中国山東省の省都、大連の中心にある中山広場を取り巻く都心街区に、日本人建築家による本場ヨーロッパのルネサンス建築と比較しても遜色のない近代ルネサンス様式の建築が建っている。日露戦争後、山東半島が日本国に併合され、中国大陸の日本の首都として大連が開発されたときのものである。それは現在、中国の重要文化財として指定され、主要な金融機関の本店として使われている。

ルネサンス建築群をつくり上げたわが国の明治時代の近代建築技術・技能は、中国でも高く評価されている。これらの優れたルネサンス建築は、欧米の人文科学としての建築教育の影響によるものではなかった。高精度の意匠設計が存在していたため、欧米と遜色のない高い精度のルネサンス建築がつくれたのであって、そこには建築思想も建築理論も設計技術もまったくない状態でつくら

イタリアン・ルネサンス・リバイバル様式
一八四五〜一八六〇

れたものであった。ルネサンス建築様式をもった建築物をつくる建築技術は、近代建築史家らの日本の近代建築史を感じさせる博物学的研究対象とはなっても、社会思想の変革につながる建築思想を扱う人文科学建築教育を国内で生み出す力にはならなかった。その理由は、近代建築設計教育が「魂の抜けた仏造り」であったためである。その建築の設計および施工を行ったときの建築思想(＝志)が、これらの建築の歴史的研究の中から伝えられてこない。

関東大震災で近代建築物が倒壊し、人命も国民の財産も守れなかったが、そもそも、西欧のルネサンス教育は建築物の構造安全性を実現することを目的にしてはいなかった。それにもかかわらず、近代建築教育が目的とした以外の責任を震災被害で追及され、この不当な責任追及に建築教育は反駁《はんばく》できなかった。

その理由は、近代建築教育として建築を教え学んだ日本の建築教育関係者が、その建築教育を工学教育と勘違いしていたためで、「ものづくり」の責任として、ものが壊れた責任のすべてが「清算主義的」(結果が悪ければすべての責任を背負わされる)に建築教育に追及された。佐野利器に責任追及された内容の建築教育を、辰野金吾以下の工部大学校建築学科(現東京大学工学部建築学科)の教育では行っていなかった。つまり、欧米の人文科学としての建築教育は行われておらず、建築構造安全教育も行われていなかった。関東大震災被害とは

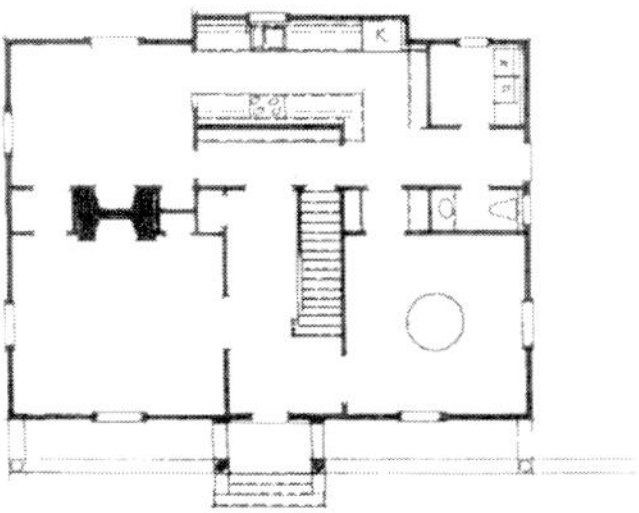

組積造の二〜三階の緩勾配、または陸屋根で軒庇が装飾されたデェンティル(歯型装飾)化粧繰型と腕木によって突き出している。対称形に配置されたダブルハング・ウィンドーにはペディメントが付いており、玄関のポーチコにはイオニア式の柱頭飾りのある柱が用いられ、その上部は二階のバルコニーとなっている。

無関係の建築意匠教育でしかなかったため、地震被害との関係で意匠教育を批判することは的外れであった。

佐野利器が強調したように、「ものづくり」の意匠本位の近代建築教育には、建築安全を守るべき利益がなかっただけのことで、だから構造安全教育に転換せよという議論は理屈の通らない議論である。本来であれば、土木学教育が建築構造安全教育を行っていなかったために発生した問題であった。その責任を建築教育の問題にするべきではなく、建築安全は土木学科の教育として行い、建築安全行政は欧米のように土木学科卒業生に担ってもらっていれば、欧米同様の安全が担保されていたはずの問題であった。近代建築教育としてルネサンス建築教育を牽引してきた東京大学自体が自ら牽引してきた建築教育は、地震とは関係がなかったにもかかわらず、責任を押し付けられ、意匠教育全体が大学建築教育から放逐された。

一八〇度転換した建築学教育——意匠・構造論争

それに代えて、国民の生命と財産を守る構造安全を重視した建築教育に転換すべきであると主張をし、佐野利器自身が構築した「応用力学」を建築学の中心に据えようとした。建築教育界全体として、それまでの建築教育を理由もな

ペデスタル
古典建築で柱を支持する柱脚のことで、ベース(土台)、ダド(腰)、サブベース(柱脚頭)から構成される。

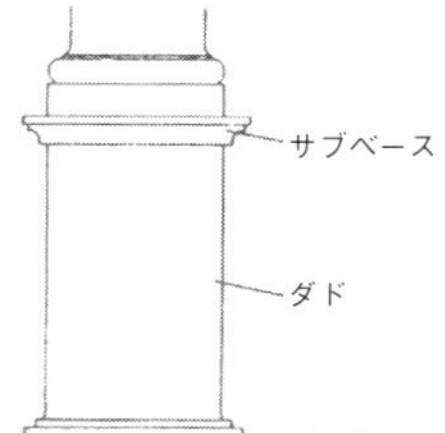

ヴォリュート
蝸牛状のデザイン、イオニア式柱頭の模様。

く全面否定し、工学的な安全建築教育への転換を抵抗なく受け入れた。佐野利器がつきつけた「意匠・構造論争」は、二律背反の選択を迫るような問題ではなく、理不尽な言いがかりに近い論争であったが、その誤りを現在に至っても総括できないところに、わが国の建築教育関係者の無智と建築利権にかかわり続ける住宅・建築・都市の行政と産業に責任がある。

その理由として、放棄した意匠教育が欧米の人文科学としての建築教育ではなく、「ものづくり」の工学教育としての精度の高さを重視するもので、思想・文化・宗教と関連するものではなかったことにある。それは、近代建築を推進した学者や設計者にとって守るべき魂がなかったからで、日本の洋風建築の欠陥といってよいであろう。

実際に国民や社会が要求している建築設計業務には、人間の歴史・文化・生活という人文科学的な知識・技術が不可欠である。明治時代までの日本における建築の歴史を振り返れば明らかなように、社寺建築はもとより邸宅建築から庶民の住宅建築に至るまで、和様、唐様、天竺様、寝殿造り、武家造り、書院造り、数寄屋造り等々、日本の建築は天孫降臨の神道と大陸から渡ってきた仏教を宗教的な柱に土地と一体となって建物が構築され、わが国の歴史・文化・生活を基に建築様式が形成された。

コロ－サル・コラム（二重柱）
二階以上の高さになっている柱のことをいう。また、柱を二本対で使う場合をカップルド・コラムという。

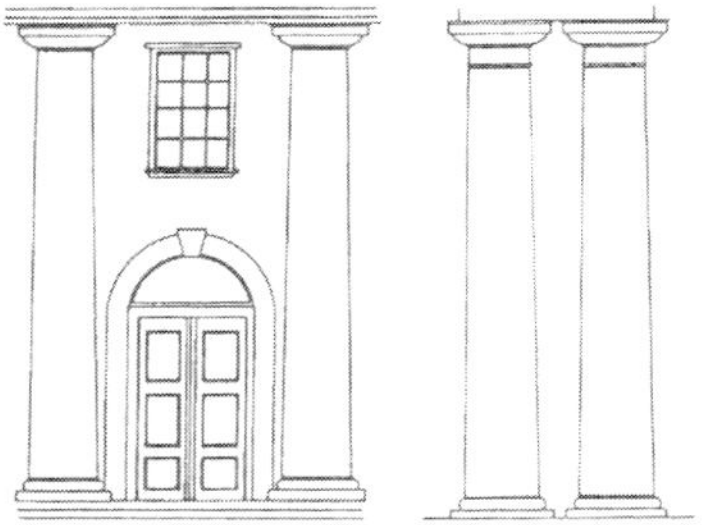

これらの建築様式に日本人は宗教との関係で帰属意識を感じ、日本人の建築文化は大切に育てられてきた。日本の建築文化を明治政府ははなから相手にしなかった。宗教に根を張っている和風建築様式では、すでにその設計・施工関係者が激減していても、デザインの基本は神道と仏教の設計思想という魂と関係している。幸田露伴著『五重の塔』には、日本の建築設計・施工者であった大工の五重塔という様式建築に入魂した姿が描かれている。この大工の魂は欧米では職能倫理（エシックス・オブ・トレード）という。わが国の建築教育関係者は安全の問題で議論するが、様式建築に対する思い入れの問題で、入魂した仕事の職業倫理を「誠実業務」として考える必要がある。

日本の伝統的建築（様式建築）は、欧米のクラシック様式建築同様、建築用語（アーキテクチュラル・ボキャブラリー）を歴史・文化として学び、建築用語を設計で使うことで建築思想・文化を享受するとともに、その文化を社会に実現し、後世に伝えてきた。その建築用語は建築の形態、建築詳細および建築装飾で構成され、建築教育は建築用語を学び、実践する力の養成であった。

明治政府は条約改正を急ぎ近代国家を建設するために、西欧のルネサンス建築様式教育を「和魂洋才」教育として、西洋の人文科学教育を排斥し、建築意匠教育の一部としてのルネサンス様式建築を実施するために、正確な図案の作

エキゾチック・エクレクティック（異国風折衷）様式
一八五〇～一八七五

非対称形の立面

成教育として行った。建築設計は本来、建築物の立地のもつ歴史と文化を尊重して、建築家(設計者)の設計思想を建築主の求める建築環境に対して設計計画する人文科学に属する業務である。それに対し、明治の建築意匠教育は、西欧のルネサンス建築意匠を本場の西欧で建てられているとおりに正確につくることが重視された。近代建築の目的は、日本は欧米同様に高い文明国家とみられることであって、その建築文化に憧れていたわけではない。

わが国では、設計と施工は、歴史的に大工・棟梁が設計・施工一貫で実施してきた。そのため、設計業務と施工業務とが一体不可分の業務と考えられ、異質な業務であると区別する認識がなかった。それが明治維新後の不平等条約改正に向けて、日本の住宅・建築・都市景観を欧米社会のようにする「ものづくり」偏重の政策によって、わが国の建築施工能力はすでに十分高かったにもかかわらず、建築設計能力の技術だけを受け入れようとした。それは日本人の文化的要求ではなく、西欧に外観として対抗するためだけの「木に竹を接ぐ形」で、もっぱら外観を高い精度でつくる政治的要求によるものであった。

わが国では、伝統的に建築の歴史・文化を伝承するための設計施工の技術を、大工・棟梁、左官、屋根職人、建具師などの技術者および技能者が一連の業務として担ってきた。新しい建築物の場合には、あらかじめ基本的な設計内容を

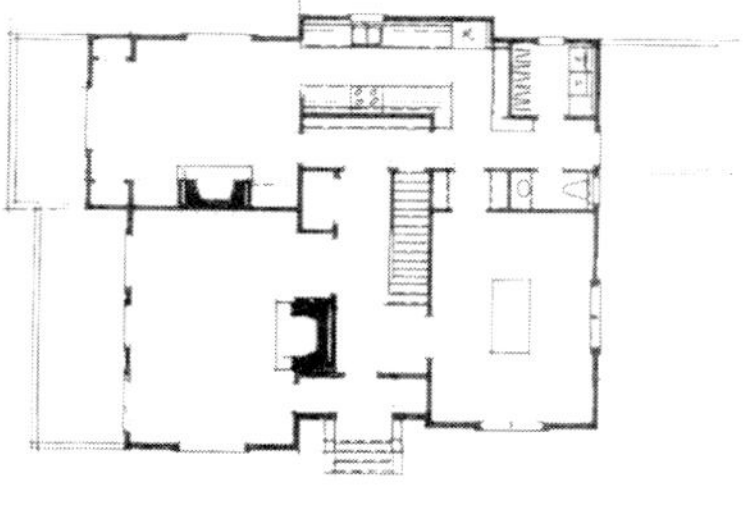

腰折屋根による寄棟造りで、屋根の上部には煙突ポケットが設けられる。観音開き戸のケースメント・ウィンドーにバルコニーが付き、トランザム(欄間)が取り付けられ、軒庇は装飾腕木に支えられ張り出している。組積造で、壁には装飾が施されている、二階窓にはバルコニーが取り付けられる。

作成するが、その詳細に関し、工事全体をとおして試行錯誤を繰り返し、設計と施工を行ってきた。建築詳細の標準化は先に制御されていた。建築の歴史を振り返ってみると、設計と施工は同時並行的に取り組まれたが、それは工事請負契約なしに行われる「旦那の道楽仕事」の場合だけでなく、板図といわれる構造基図が作成されると、建築詳細まで対応できるシステムが整っていた。工事を見ながら設計条件を変更できるからである。設計業務は創造的な人文科学的な業務として取り組まれ、施工は工学的な「ものづくり」の施工業務として行われた。この設計と施工という二つの業務が日本の伝統的な建築工事で行われてきたことは、欧米の建築工事と基本的に同じである。

設計・工事監理・施工業務の境界――竹島・西岡論争

名古屋工業大学時代の竹島卓一教授は法隆寺再建委員長で、かつて東京大学で関野貞教授の助手を務め、中国の大同や雲崗で石窟調査を行い、「竹島・西岡論争」で有名になった建築史研究者である。竹島卓一教授は法隆寺をはじめ東洋建築史を研究され、社寺仏閣の建築設計が人文科学的に、その建設される土地の歴史・文化・環境と、建築主の社寺仏閣にかける歴史・文化的思いを未来につなぐ建築として、創意工夫を凝らして行われなければならないことを明

セカンド・エンパイヤー（第二帝政）様式
一八六〇～一八八〇

らかにされた。
社寺仏閣の歴史・文化的研究とともに法隆寺の再建委員長として、未来に残る法隆寺のため、現代に復興事業を行うにはどのようなことをしなければならないかに腐心されていた。法隆寺再建工事の建築施工において、歴史・文化を踏まえ、現在、活用できる最高の技術を駆使し、創作された設計図書どおりに謙虚に行われてきたことを学生たちに説明された。それは、設計図書で再建に関係する人たちが、現代で実施できる最大の努力をして設計をするとともに、設計図書に定められた設計内容を工事施工で忠実に実現するものでなければならないとされた。

かつて、西岡常一棟梁が経験主義によって建築設計段階で確定した内容を建築施工段階に入って変更しようとしたが、それは許されない。決して工事を実施設計なしで、大工職人が経験主義で工事を行うことがあってはならない。「竹島・西岡論争」は、設計図書どおりの工事監理を義務づけられた法隆寺再建委員長の立場と、経験主義を最良と考える職人の立場によるものであった。私自身、大学教育で設計業務、施工業務、工事監理業務に関し、古典建築の研究者・竹島卓一教授の授業を受講し、そこで主張されていたことが日本の伝統的建築の設計施工を尊重するということで、欧米の建築学と共通すると考えた。

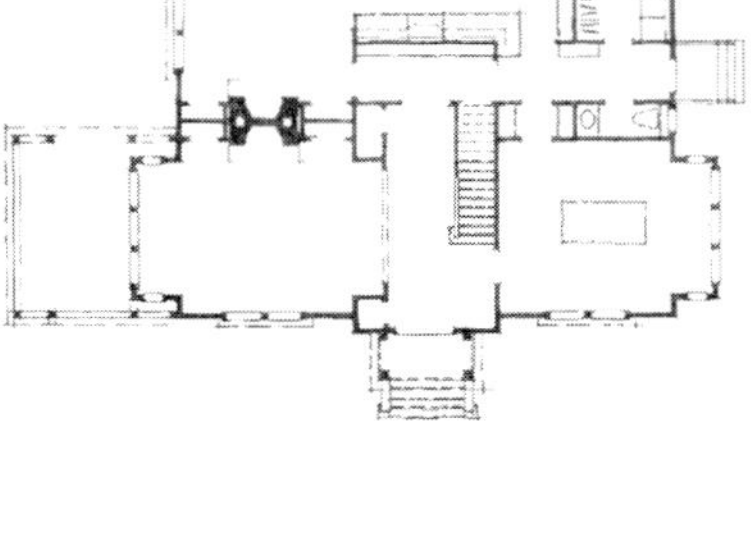

二階建てまたは三階建て。腰折屋根に半円形アーチのドーマー・ウィンドーがあって、屋根に多色のスレートシングル材か、金属シングル材葺き。庇は連窓のダブルハング・ウィンドー。玄関は二階観音開き扉で、二階建てのポーチコがあり、その上部にバルコニーが取り付けられる。

設計段階で議論する人文科学領域のことを、西岡棟梁が建設工事段階で議論することは、施工業務段階の議論としては間違っている。工事監理とは、設計内容を施工段階で設計意図どおり実施されるように監理（モニタリング）することで、設計者が工事監理を連続して行うことが求められている。竹島卓一教授は法隆寺再建委員長であるから建築主であり、そのために歴史考証と現代の建設事情を考慮した設計図書を前提に、設計図書どおりの施工を行う工事監理者の立場にあった。学者・研究者が吟味して設計した設計内容を工事監理段階で設計者の承認なしに変更することは施工者には許されない。工事監理業務は建築士法で定義され、請負契約内容を逸脱する工事は、建設業法上、設計変更を先行させなければならない。西岡棟梁が工事段階において職人の経験で工事を変更しようとし、メディアを煽《あお》って場外乱闘に持ち込んだことは、職能倫理に照らして理屈に合わない主張であったように思う。

4——建築の設計図書と建築のボキャブラリー

三種類の「設計図書」とCM（PEPSI）

建築家による正しい歴史・文化の認識に立った設計図書がなければ、設計どおりの工事監理はできない。近代建築を国内で実現するためには、建築施工を指示する設計製図が必要とされ、近代建築の施工が正確に行える実施設計教育が急がれた。

そこでの近代建築様式の教育は、施工に必要な設計図書と、工事監理を適正に行う設計図書の作成という「形骸としてのルネサンス建築」を、正確に欧米に遜色のない形としてつくることが中心に置かれた。設計図書の作成は、創造的、内在的、文化的な人文科学的要求を建築として実現する設計業務である。欧米で人文科学教育として行われてきた建築教育は、日本でも伝統的建築物においては大工・棟梁、左官、その他建築職人の伝統技能を駆使することで人文科学的方法によって行われていた。

しかし、わが国の近代ルネサンス建築教育では、最初から人文科学的教育ではなく、意匠を正確に再現するための実施設計・施工教育として実施された。

教育の目的は、日本人がつくったルネサンス建築が欧米のルネサンス建築以上に精巧につくられていることを西欧人の目に示すためであったため、「外観としてのルネサンス建築デザイン」を実施設計図書に取り入れ、建築工事として正確な施工ができる施工用の実施設計製図作成教育を行った。

同じ設計図書といっても、人文科学的な創作設計としての基本設計図書や、正確な建築工事ができる施工管理用としての実施設計図書と、現在の大学の建築教育で行われている代願設計として作成する設計図書とでは、同じ設計図書(基本設計と実施設計)が使われているにもかかわらず、その作成目的も使用目的も違っている。ここでは欧米の設計、建築士法上の設計を前提にして正しい業務を説明する。それは、わが国の代願設計をもとにする業務ではない。

設計業務で作成される設計図書は、建築主の設計要求に応え、歴史・文化を踏まえた建築主の生活要求を考慮して、創作的な建築計画を設計図書としてまとめるものである。設計業務として行われる基本設計は、建築する土地のもっている歴史・文化・生活的条件と、そこで生活しようとする建築物利用者の担ってきた歴史・文化的条件を前提に、豊かな生活文化の実現に向けて環境を創作するために設計するものである。

工事施工のための実施設計図書は、基本設計を具体化し、工事内容を特定す

ヴィクトリアン・スティック様式
一八五五〜一八七五

るためのもので、第一義的に工事費を見積もることができる設計図書でなければならない。ここで、工事施工を合理的に実施するための設計図書とは、建設工事費管理（コスト・コントロール）、工事の施工品質管理（トータル・クオリティ・マネジメント）、施工工程の管理（スケジューリング）の三要素からなる建設業経営管理（CM＝コンストラクション・マネジメント）を確実に実施するために必要な実施設計図書である。

CMは、実施設計図書（見積書を含む）を前提に取り組まれる資金管理、品質管理、時間管理という三つの業務によって構成されている。そして、CM作業を構成するキーワードで表される5つのステージ（PEPSI＝ペプシ）を追って行われる。

P（プランニング＝施工計画）　建築工事を構成する多数の工種ごとの業務を合理的に組み立てる施工計画（CPN＝クリティカル・パス・ネットワーク）を作成するステージである。前工程、本工程、後工程の関係を明確に計画することで、手戻り工事が起こらないようにすること。

E（エスティメイション＝見積り）　工事に必要な材料と労務の数量・時間、材料の品質、労務の熟練技能度を明らかにし、直接工事費を積算して建設工事費を見積もるステージであるが、材料および労務のいずれもその

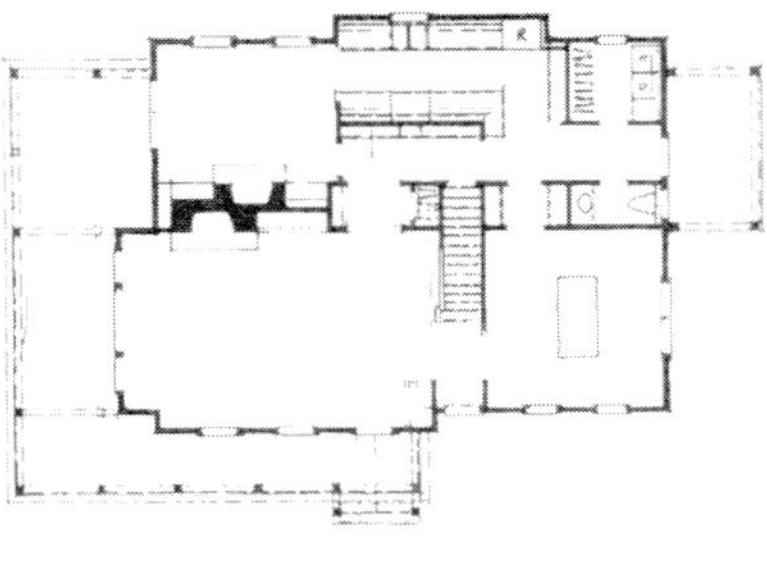

切妻屋根が十字に交差し、玄関は袖棟の妻入りとなっている。建物は単位壁突間ごとに板材（スティック）で囲われる（板を構造的に固定する）。切妻屋根は庇が突き出しており、玄関部分を含んでバルコニーが取り囲み、腕木が意匠になっている。

購入価格は購買条件により左右されるので、その条件を考慮すること。

P（プロキュアメント、または、パーチェシング＝購買）予定どおりの価格で工事を実施するために、計画どおり材料と労務の購買予約をするステージである。材料および労務の市場価格は変動しており、納品・購入条件と同時に購入・搬入時期を明確にすること。

S（スケジューリング＝工程計画）材料と労務の調達計画どおりの合理的な限界工程管理（CPM＝クリティカル・パス・メソッド）により工程計画を策定し、高い生産性を上げられるようにするステージである。材料および労務の購買条件を考慮して、全体の施工期間を短縮する工程を立案すること。

I（インプレメンテイション＝施工）工程計画どおりの施工を行う際、前工程、本工程、後工程の引継ぎに際し、工事に手戻りや手直しがなく、設計図書どおりの工事が行われるよう品質管理と工程管理を確実に行うステージである。日報で施工情報をまとめデータベースを整理すること。

ここで使われる設計図書は、建築士法および建設業法上でいう実施設計図書で、建築基準法の建築基準関係法令に適合していることを説明する確認申請書

アメリカン・クィーン・アン様式
一八八〇～一九一〇

に添付する代願設計図書ではない。工事監理（モニタリング）に用いる設計図書は、ＣＭで使う設計図書によって設計趣旨を踏まえて施工方法と施工の詳細を十分説明でき、設計図書どおりの工事が行われていることを施工者に伝達できる、設計詳細を含む工事を見積書で裏づけた実施設計図書である（欧米では工事費見積書は設計図書の一部である）。

　ＣＭの目的は、建築工事請負契約書どおりの工事を設計図書どおりに実現するだけではなく、生産過程に介在する無理《むり》、無駄《むだ》、斑《むら》を排除して生産性を高め、より合理的な限界工程管理計画を導入することである。これは、当初の計画どおりに実施するためＰＥＰＳＩに分解し、計画書を詳細化することを目的とする技術である。そのためにはデイリーログ（日報）で集計管理を行い、受注時点のデータベースと実績レベルのデータベースを比較し、より良いデータベースを構築することによって工事ができる企業体質をつくり上げることにある。

　工事請負契約に用いる実施設計、工事施工を実施するためのＣＭに用いる実施設計、工事監理の実施に用いる実施設計、これら三種類の業務用の「設計図書」は、欧米では同一の設計図書となっている。実際には設計、工事監理、施工という業務の目的ごとに設計者、工事管理者および工事監理者がそれぞれの業務に合わせて同じ「設計図書」に必要な加工をし、または必要な資料を添付

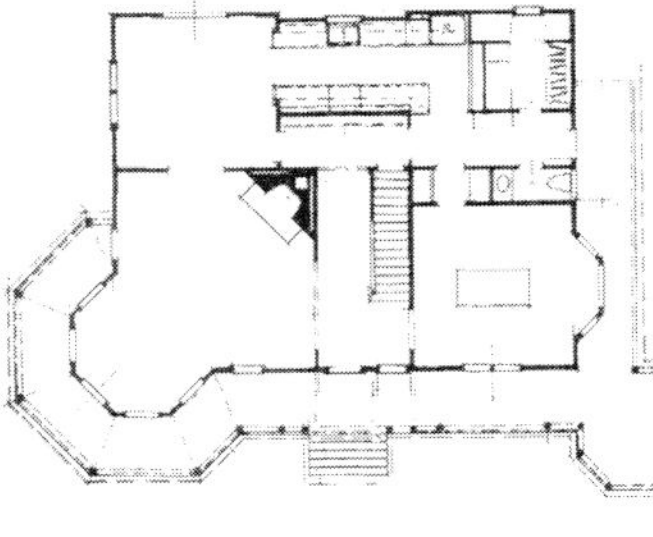

平面計画および住棟形式は不規則で、寄棟屋根の主棟に、八角形の塔棟またはガゼボ（あずまや）と、玄関ポーチと連続したベランダが周囲に配置され、化粧方杖や軒飾り、ベイ・ウィンドーが多用される。ダブルハング・ウィンドーが中心で、外壁には下見板やシングル材が利用され、窓周囲に額縁が回されている。

して使われる。

わが国で一般的に設計図書といわれているものは、建築工事用の設計図書ではなく、基本的に確認申請用の設計図書（建築主に代わって出願する「代願設計」と呼ばれている）である。しかし、わが国で問題になっていることは、実施設計業務で設計すべきことをせず、重層下請のつど、中間業者の粗利が抜かれ工事請負金額が減り、設計内容が工事費に合わせて変更させられていくことである。曖昧な設計を工事段階に入って設計変更しながら、それを工事監理業務であるといい、施工者は工事費を引き下げるために設計内容を工事監理者と共謀して変更し、設計者、施工者、工事監理者が、建築主を蚊帳の外に置くという背任行為が行われてきた。

人文科学教育としての建築学

わが国の伝統建築は職人の技術（規矩術）・技能（大工、左官等）の歴史・文化の伝承として、人文科学的な教育が行われ、伝統建築のためには学校教育は行われてこなかった。しかし、コンドルの教育を受け、欧米を視察した辰野金吾は後年、人文科学建築教育こそ建築設計教育であることを理解し、弟子である伊東忠太や関野貞らに日本建築の歴史・文化の重要性を教え、その源流である

リチャードソニアン・ロマネスク様式
一八八〇～一九〇〇

ヘンリー・ホブソン・リチャードソンがエコール・デ・ボザールで学び、帰国後ボストンのトリニティ・チャーチでロマネスク様式の教会を設計した。

インド建築（天竺様・伊東忠太）や東洋建築（唐様・関野貞）を研究させ、自ら日本建築を研究した。

明治時代になり、五島列島では潜伏キリシタンの礼拝堂がフランス人司教の指導によりゴシック様式でつくられていた。ポルトガルのイエズス会の礼拝堂はロマネスク様式で目立たないように建てられているはずであると思っていた私の予想は覆され、フランスのゴシック様式の設計が私には違和感を覚えた。当時は日本人仏教徒の大工によって教会建築が多数建築されていた。宗教に関係する建築デザインの設計や施工は信徒でなくてもよいが、宗教に対する理解がなければ取り組むことは難しい。わが国においてそれを可能にした理由は、「和魂洋才」の言葉どおり、形の模倣としてルネサンス建築教育が実施されたからであった。そこで日本人大工が設計したゴシック建築は、思想のない図案による形態の模倣であって、人文科学による設計ではなかった。

わが国では、近代建築様式の思想も建築用語の理解もなく近代建築をつくっている。そしてそれらの建築は、使用されている建築用語によって現在見る人に建築文化を伝達することができている。しかし、建築主の多くは建築思想・文化を知らぬまま所有し、建築文化の感動や共鳴がないと的確な維持管理ができず、建築物は衰退の一途をたどる。様式建築が建築主に理解されることにな

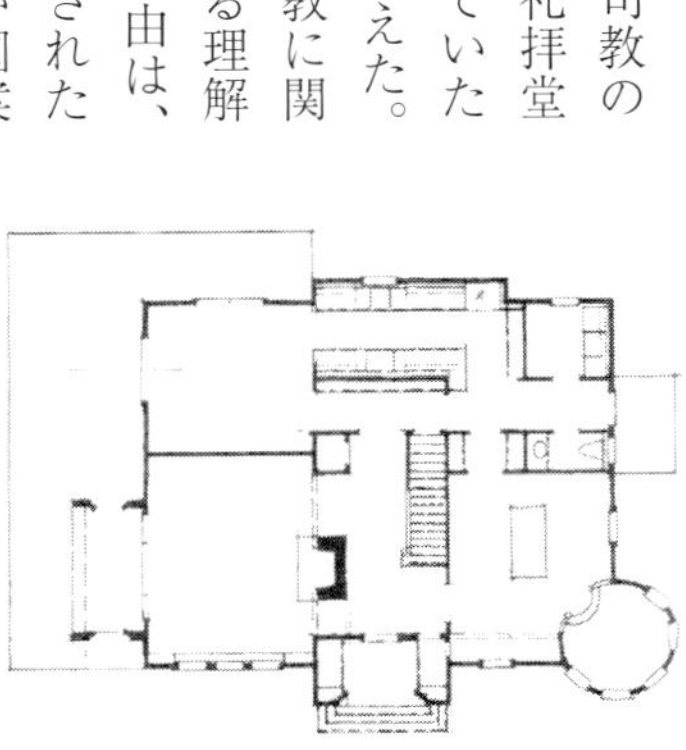

急勾配の寄棟屋根に、切妻屋根の袖棟や円錐形の屋根の付属棟が敷設されることも多い。窓、ポーチコ、ドアなどの開口部は、半円形のアーチを基本的に採用。外壁は組積造または組積造デザイン。玄関扉は一枚扉で、採光用欄間（トランザム）がある。窓は一枚ガラスサッシのダブルハング・ウィンドーに半円形のアーチフードの欄間がある。

れば、建築主はそれだけ高い文化的満足感を享受し、社会的にその文化環境形成に影響を与える。

関東大震災における近代建築の倒壊事故は、功利主義を追求する工学教育としての近代建築教育の破綻を意味していた。そこには人文科学としてかかわるべき建築設計は顧みられず、ルネサンス様式建築にとって代わる建築安全重視の工学教育が、「代替できる教育」として置き換えられた。

平易に言えば人文科学教育として行われるべきものが基本的に崩壊し、建築思想への思い入れはなく放棄され、代わって効率的な性能基準による安全建築か、利益追求の手段としての建築に置き換えられた。

消費者不在の住宅産業利益本位の住宅教育

ものづくりの建築教育は、目先の功利主義を売り物にした住宅販売重視に関心が移り、住宅需要者の求める効用に見合う等価交換販売から、住宅供給者の利益のための広告・宣伝、営業・販売に要した経費および利益獲得中心の独占価格販売を目的とした購買力拡大のための不等価交換金融へと向かった。

明治時代の建築教育が、関東大震災を機に意匠建築教育から建築安全教育として取り組まれたのとは対照的に、現代の住宅政策で推奨されている住宅経営

シャトーエスク様式
一八八五〜一九一〇

フランスの後期ゴシック様式とイタリアン・ルネサンス様式とが結びついた宮廷様式。リチャード・モリス・ハントがアメリカで完成した。

は、もっぱら経済的利益追求のため、顧客獲得の功利主義に転換した。功利主義に隠れて行われている住宅教育は、人々の欲望を利用して品質の違いを価値の大小であると欺罔《ぎもう》する「差別化」で販売を拡大する業務に転換されている。わが国の経済主義に沿った「スクラップ・アンド・ビルド」の建替え住宅政策も住宅産業の利益中心の「フローの住宅」政策で、住宅を所有する人の利益を中心に考える「ストックの住宅」政策ではない。

住宅自体の品質の良し悪しを、住宅の価値の大小と欺罔《ぎもう》する住宅販売技術に迎合した住宅の設計技術に流れ、高額販売をした住宅が既存住宅市場で値崩れをした場合、それは減価償却したから使い捨てて建て替える「スクラップ・アンド・ビルド」の政策で建築を増産してきた。住宅の資産価値の消滅を減価償却論で説明することは、理論的に間違っている。減価償却論における本来の資本蓄積のための経理処理の意味と異なり、資産価値減少の合理的な説明根拠にならない。

「差別化」住宅は経年するにつれ、流通販売・サービス費用に費やした巨額の経費分は確実にそぎ落とされ、欺罔《ぎもう》であることを露見させ値崩れを起した。「輸入住宅政策」のもとで目新しさを売り物に拡大した西欧建築デザインは、中古住宅では「処女性を失った」と言われ見下されてきた。わが国の住宅産業

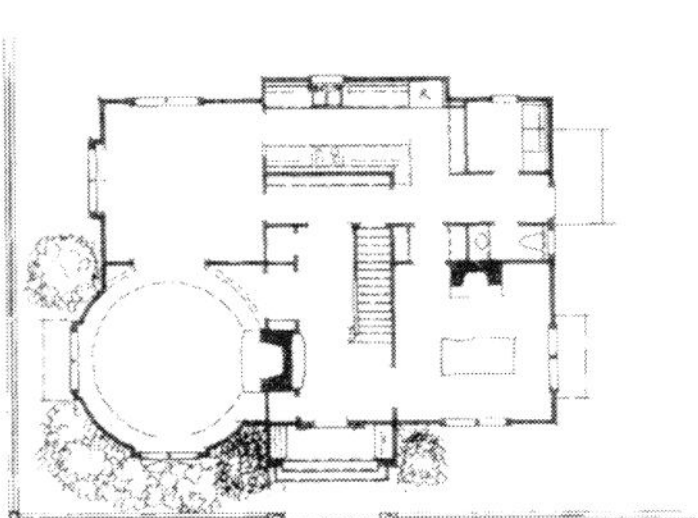

急勾配の寄棟屋根に、塔形式の棟を一体化し、煙突、棟飾り、ドーマー・ウィンドーなどの突き出した部分を強調している。ダブルハング・ウィンドーを一対にして用い、窓の周囲を柱型、ペディメントで装飾してある。ポーチコの上部は二階ベランダになっている。

で重視されていた「差別化」は、住宅の価値を欺罔《ぎもう》するための手段で、住宅産業が不等価交換利益を上げ、経済成長を進める「フローの住宅」政策の手練手管として洋風デザインが利用されてきたという点では、明治・大正時代と基本的に同じである。

ルネサンスの魂を知らないわが国の国民の多くは、政府の理不尽な減価償却論の説明を簡単に聞き入れ、経年にともなう住宅価格の下落を受け入れる。その結果、中古住宅は粗末に扱われ次第に色あせていく。しかし、最近では海外生活者や海外渡航者が増え、西欧文化に対する理解者やこだわりをもつ需要層が増えたことで、洋風建築デザインとして正確につくられたものは、住宅所有者が様式建築にその形を支える魂が宿ると考え、その歴史・文化性を評価し、住宅市場で文化財的な評価がつけられている。

菊池寛著『形』は「形態には魂が宿る」ことをテーマにまとめた小説で、建築の形態は言葉(ランゲージ)を発信すると説明している。しかし、デザインは文化を伝えても経済価値を表すわけではなく、そこでデザインを使った高額販売を正当化するという「差別化」が横行するのである。

また、映画化された遠藤周作の小説『沈黙(サイレンス)』では、社会に信仰の問題を問い、信者にとっての神の存在を上下の関係ではなく、人間に並んで

ボザール様式
一八九〇〜一九三〇

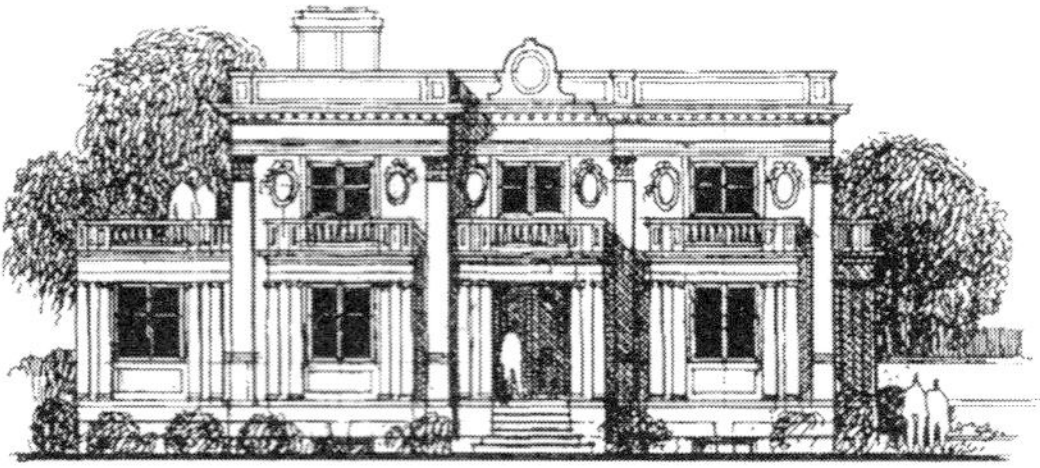

MIT、コーネル大学、ミシガン大学、コロンビア大学の建築学部で重視した様式。

悩む神の姿で現している。「神を信じる者にとっての神」と同様、「ルネサンス建築が担っているルネサンスの精神を理解できる者にとってのルネサンス文化」を伝達している。明治時代に近代建築をとおして欧米の魂は受け入れずに、欧米と対等の近代文化と文明の精神を近代建築の意匠によって受け入れてきた人々は、近代建築を建てられることを示すことで、わが国の文化と文明水準が欧米と同じ水準にあることを欧米の人々に欺罔《ぎもう》することができたと勘違いした。

明治政府は欧米に向けて鹿鳴館文化を誇り、それを根拠に不平等条約の改正を要求した。日本人の中には欧米のルネサンス精神に共鳴して、日本の近代建築をルネサンス精神とともに受け入れた人もいないわけではなかった。しかし、大多数の国家の指導者階級や文化人は西欧思想に距離をおき、方便として近代化を受け入れた人はいたものの、西欧文化を宗教への理解を含んで享受することはできなかった。明治維新の近代化政策は、政治的な不平等条約の改正が目的で、方便としての近代化でしかなかった。

近代化の精神にこだわり、ヘレニズム文化やヘブライズム文化を基本思想にもつルネサンス文化を受け入れ、ルネサンスの思想をもち出す人は煙たがられ、「西洋かぶれ」と相手にされなくなった。しかし、同じルネサンス様式の建築物でもその精神を受け継がなかった人には、キリシタン以外の人に対する「踏

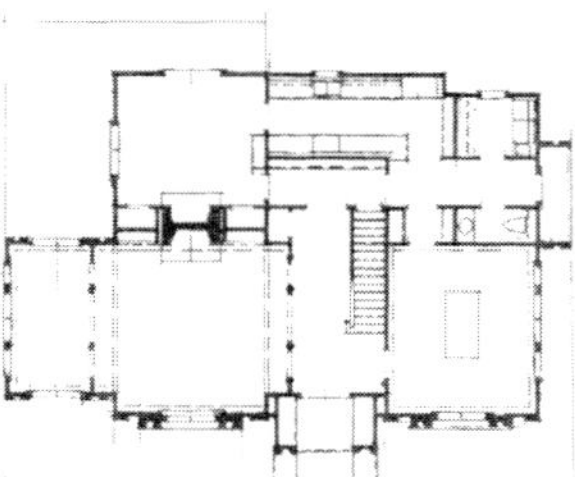

記念物的な堂々とした外観。屋根は陸屋根で、外壁面にカートーシュ(円形装飾)と、二階には一対の柱頭飾りのある柱(ピラスター)で支持されたバルコニーが設けられ、アレーの手摺子が付けられている。組積造の場合には、クオイン(隅壁石積み)が取り付けられるが、四角形の壁付柱は隅壁部分を飾っている。

み絵」と同じで、近代建築教育として学習されたルネサンス・デザインは、建築を学習した者にとっては図案でしかなく、人格をかけて守らなければならないものではなかった。

現代においても、明治時代の近代ルネサンス教育がなぜわが国で行われたかを知らない者が大多数を占めている。現代住宅産業を支配している「差別化」経営は、消費者を欺罔《ぎもう》する目的で住宅の効用の高さを経済価値の高さと説明するもので、明治政府のルネサンス教育と同じである。

死語化した「デザインボキャブラリー」

ルネサンスの魂を感じない洋風建築デザインにわが国の人々は帰属意識をもつことができず、経年するにつれその住宅は居住者の生活からずれていった。ルネサンスの魂を失い、その歴史と文化を忘れ去られた建築様式は、それを見る者を魅了する力を失い、中古住宅の取引価格は下落した。

建築デザインは、それが生まれたときの歴史・文化・生活を反映した建築のボキャブラリーでつくられ、それ自体が形成された時代を反映した固有の意味をもっていた。建築のボキャブラリーの意味を理解する者がいなくなると、ボキャブラリーを伝達できなくなった建築は、その担っている西欧文明を伝達で

チューダー様式
一八九〇〜一九三〇

イギリスのチューダー様式、エリザベス様式、ジャコビアン様式の影響を受けた様式。

きなくなる。特にルネサンスの文化的基盤を失った近代建築教育では、形骸としてルネサンス様式でつくられていても、ルネサンスを広め受け入れない社会においてはその思想を人々に伝承できなくなる。

その上、建築ボキャブラリーを教育しない建築教育では、デザインの担っている建築思想を伝えることはできず、デザインは無意味な「形のバリエーション」でしかなくなっていった。そのため、デザインの基本である建築文化を担う正確な設計と施工を実現する仕組みと、文化を受け継ぐ者を失い、近代建築は衰退することとなった。

しかし、正確につくられたデザインは、その形態から、設計者にはデザインの担っている建築思想的理解がなくても、建築のボキャブラリーから様式の伝える建築思想を読み取らせることができる。その結果、近代建築は、ルネサンス文化のボキャブラリーをとおして情報を発している。このルネサンス文化の情報を理解している者からは、本物のルネサンス建築はルネサンスの文化財として評価されている。

洋風建築デザインを採用するが、その思想や精神を理解していないでデザインにこだわり、その背後の建築思想にこだわり過ぎると、建築思想を聞く耳をもたぬ者にとっては不要なこだわりとうっとうしがられ、それを口にする者は、

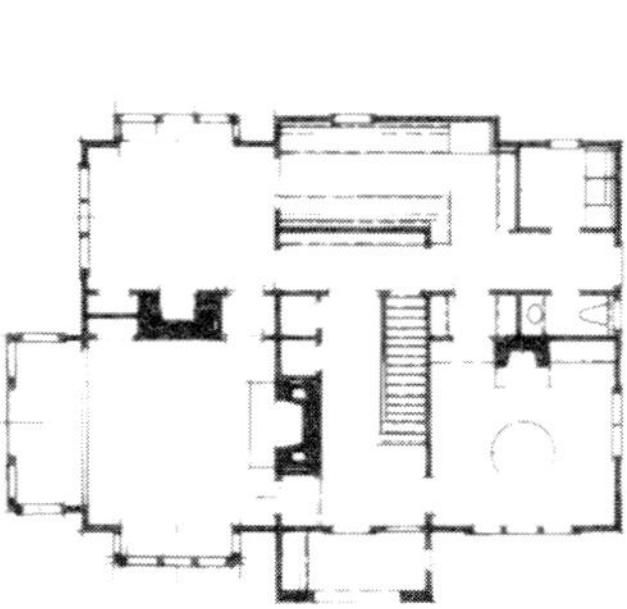

急勾配の切妻屋根で、妻壁でパラペットが立ち上がっている。玄関部分には切妻の袖棟が設けられ、玄関は壁で囲われたアーチをくぐって到達する。窓は小さなガラスをつなぎ合わせた縦長のケースメント・ウィンドーに、トランザム(欄間)が設置されている。組積造で、煙突壷飾りが特色。

衒学的《げんがく》とか、洋風かぶれと批判されてきた。形は本物そっくりであっても、思想が理解できていないときには、何を守るべきかがわからない。すると、経年にともない建築は破損や修復のつど、守るべきものがわからず、最初につくられた形は崩されていく。一方、初期の段階で設計者が建築デザインの思想を理解せず単に形にこだわると、物真似のデザインとなって紛らわしいデザインになってしまう。

わが国で欧米の建築教育知識や技術を習得し、建築設計者としての業務を行う場合は、デザインの担っている歴史・文化・生活の意味をボキャブラリーとして読み取ることが必要となる。その業務に必要な知識や技術を、わが国の学校教育や職業教育で学究的に教育しているところはない。その知識や技術の必要性を認めた設計者・工事監理者・施工者は、独学で学ぶ以外に方法はない。TVや映画の景色、写真映像として西欧建築の優れた実例を見ることがあっても、日本国内で見る機会は少ない。住宅の資産価値を経年的に高めるために、人々の心をつかむ住宅建築設計や建築思想を教える教育者がほとんどいないため、西欧建築文化は伝承されない。

セカンド・イタリアン・ルネサンス・リバイバル様式
一八九〇〜一九三〇

最近メディタレーニアン(地中海)様式と呼ばれるようになった様式。

日本の建築学と住宅産業

本書では、日本と欧米の建築デザインの基本的な違いがどのような歴史的経緯で生まれ、それが国民に貧しい住宅建築を供給する結果になったかの必然的理由を明らかにしてきた。旧建設省は一九五〇年の占領下、アメリカの法律を参考にして、GHQ（連合国軍総司令部）の指導で建設三法を制定した。建設三法を施行するにあたり、私は行政官としてモデルとなったアメリカの法律を調べ、立法の背景を勉強した。特に、私が担当した一九七〇年の建築基準法第五次改正では、アメリカの建築法規（UBC＝Uniform Building Code）を下敷きにして関連規定の条文作成をした。

当時、非常勤講師として働いていた大学から教授になるために博士資格の取得を求められ、大学の論文審査条件として、日本建築学会論文集に二以上の論文を掲載することであった。そこで、それまで実施した建築基準法第五次改正（防耐火避難）と、枠組壁工法の国内法整備の関係で約五年間調査した内容を「日米加建築法規比較研究」として六本の論文にまとめ、これが日本建築学会計画系論文集に掲載された。その後これらを一本の論文にまとめたものが、京都大学において博士論文としての審査が受理された。しかし、私が枠組壁工法をアメリカやカナダ同様の耐火建築物にするべく努力したことと、建築基準法

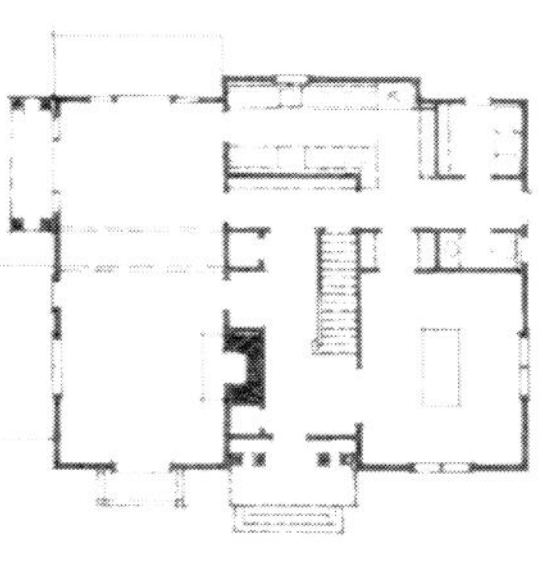

対称形で、袖棟が対称に突き出ていて、その間に玄関部分が配置されている。玄関部分には半円形アーチのあるポーチコが設けられ、観音開き戸のケスメント・ウィンドーには、それぞれ小屋または大屋根がかぶさっている。デェンティル（歯型装飾）化粧繰型と腕木で支えられた軒庇が張り出していた。屋根には赤瓦が使われている。

第五次改正で日本の防耐火理論が間違っていると指摘し、アメリカとカナダの火災理論によったことなどを煙たがれ、京都大学への論文はいったん受理されたにもかかわらず、結果として辞退せざるを得ない状況となった。

ところで、建築士法も建設業法もアメリカではコモンロー(慣習法)であり、実際には控訴審判例である。これについてアメリカの住宅産業関係者に向けてわかりやすくまとめられた出版物(『Simplified American Construction Law(要約建設業法)』ジェームズ・アクレット著、ビルディングニューズ社刊)がある。私は建築行政の観点から設計実務に関する大学の建築教育を調査研究し、日本の洋風建築について建築文化をつくる設計から施工までを調べ、建築生産を支える土壌が日本では基本的に崩壊していると感じた。私が全訳したこの『要約建設業法』は、請負契約の適正な実現を建設業の立場から扱う内容で、その契約の対象となる建築設計を建設業で扱う法律として見ることができ、設計業務を理解する助けとなるものである。

さらに、人文科学としての建築教育を行うための建築デザインテキストとして、住宅生産性研究会(HICPM)では、アメリカの建築の書店を手当たり次第に調査して回り、人文科学的視点から建築様式を学べる書籍を何十冊も調べた。そこで優れた書籍を発見し、翻訳権を取得して出版した本が、ジョン・ミ

ネオクラシカル・リバイバル様式
一八九五〜一九五〇

アメリカン・ボザール様式の行き過ぎを修正し、基本に戻した様式。

ルンズ・ベーカー著『アメリカン・ハウス・スタイル』(井上書院刊)である。出版に際し著者と面会し、アメリカの建築学教育について教授を受けた。そして、建築様式を歴史・文化として学ぶ人文科学的意味と、日米の建築設計教育とがまったく異なっていたことを教えられた。

ベーカーからは、平等院鳳凰堂にまつわる帝国ホテルの設計に関係するエピソードや、ロックフェラーがニューヨークのMoMA(ニューヨーク近代美術館)の中庭に吉村順三の書院造りによる松風荘を建設させ、戦後のアメリカの住宅設計にオープンプランニングの技法を持ち込んだその時代の話も聞かせてもらった。

MoMAの所有者であるロックフェラーは、日本建築の理解者で、戦後のアメリカに必要な住宅デザインをMoMAの中庭に二年ごとに建て替えさせた。そこにロックフェラーは日本の書院造り建築を建てさせようと考えたが、モデルにした建築が中庭に入らず、新しく設計することになった。ロックフェラーから調査のため日本に派遣された建築家は、帝国ホテルの設計でライトの右腕となって働いたアントニン・レーモンドを頼って来日し、そのレーモンドの下で建築修行をしていた吉村順三が書院造りの調査に同行し、最終的にはモデルホーム「松風荘」の設計者となった。この松風荘は戦後のアメリカ住宅の設計

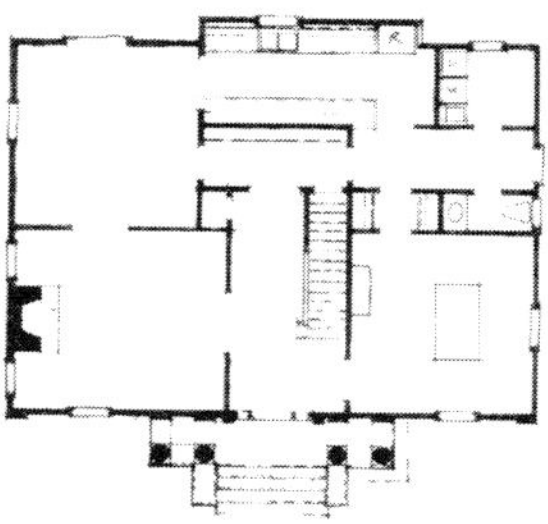

二階までの通し柱によるポーチコの上にはペディメントが設けられ、それを支持する柱は、イオニア式、コリント式等の柱頭飾りがある。屋根には緩い勾配の寄棟造りで、軒庇部分には木口を装飾化した蛇腹デェンティル(歯型装飾)が全軒に回っている。玄関は六枚パネルドアにペディメントが付き、側窓および欄間には明かり取り窓がある。

に書院造りの空間を紹介し、それが戦後のアメリカのオープンプランニングの技術となった。二年間の展示期間終了後、松風荘はフィラデルフィアの中央玄関に移築され、現在も修繕を繰り返しながら公開されている。

寝殿造り、プレーリー様式、帝国ホテル、書院造り(松風荘)、輸入住宅(オープンプランニング)と、太平洋をまたいで日米をデザインが往復した。私は日本の住宅設計を少しでもアメリカの設計教育に近づけたいと思い、『アメリカの住宅生産』(住まいの図書館)、『アメリカの住宅地開発』(学芸出版)を刊行した。そして、輸入住宅のデザインの解説書を作成し、デザイン教育を独習のできる人文科学的視点に立った住宅設計書、『やさしい輸入住宅のデザイン』を住宅生産性研究会(HICPM)で作成した。

それと並行して、一九九六年、全米ホームビルダー協会(NAHB)と相互友好協力協定を締結し、アメリカの住宅生産技術と建設業経営管理(CM)の知識を学び、日本の住宅産業関係者がその知識をもとに実践できるようにNAHBのCMテキスト(井上書院刊・四冊シリーズ)を翻訳し、解説を加えて発行した。その中で、住宅設計教育は、建築主が設計者に依頼して設計図書を作成し、それを使って建設工事費を見積もり、その工事見積書どおりに建設するまでの設計、施工、工事監理を一貫とした教育でなければならないことを教えられた。

シングル様式
一八八〇〜一九〇五

イエール大学ビンセント・スカリーJr.教授が命名。

NAHBとの相互協力とアメリカの住宅産業からの技術移転をとおしてわかったことは、日米の住宅産業界の知識と技術の差の違いが驚くほど大きいということである。わが国の住宅政策は、アメリカのように住宅を取得した消費者の利益を図るのとは「真逆の結果」を及ぼし、住宅産業の利益拡大のために住宅購入者を犠牲にする政策になっていることを発見した。日本の住宅産業には、合理的な建設業経営を支えるために必要な建築設計技術教育も、住宅を生産する建設業経営管理(CM)技術も、そのためのテキストも、教育機関も存在しないことがわかった。それに代わって日本の住宅政策は、「不等価交換販売と不等価交換金融」を正当化する憲法に違反するものであることを知った。

住宅産業をものづくりの利益本位に「フローの住宅」として考える日本と、住宅を取得した者の幸せのため、家族の成長とともに熟成し資産価値が上昇する「ストックの住宅」として考える欧米とは真逆の方向を向いていて、「建設業者本位の住宅政策」か、「居住者本位の住宅政策」かの違いであることがわかった。その違いを理解してもらうため、二〇一五年『フローの住宅、ストックの住宅』(井上書院)を刊行し、オランダ、アメリカ、日本の三国の住宅文化比較を行った。欧米では、住宅を所有した人のために「ストックの住宅」として居住者の利益本位に考えるのに対し、日本では住宅産業が建設と販売という住宅

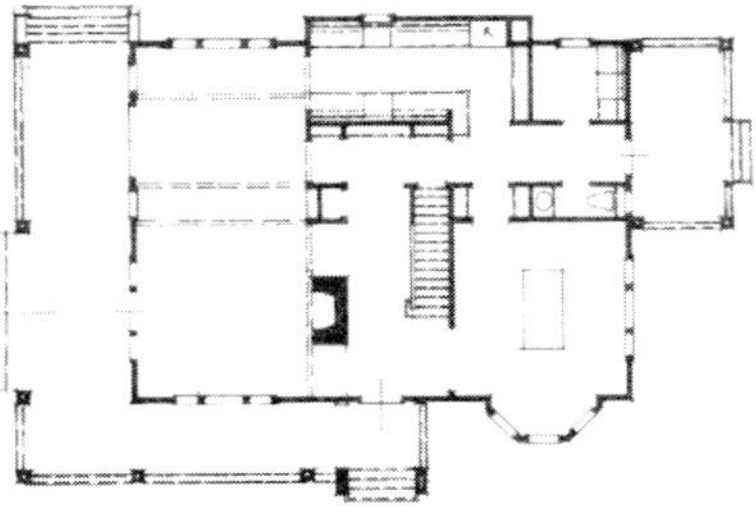

腰折屋根か、切妻屋根の非対称形で、ドーマー・ウィンドーが設置されている。屋根・外壁のすべてにシングル材を採用したもので、多くの場合、鐘楼を模型化したベイ・ウィンドーで、上下層を揃えた付棟が取り入れられている。玄関前ポーチコに連続したバルコニーが設けられている。

を取引の対象として考え、「フローの住宅」で利益を上げる産業利益と、政府の求める経済成長を最優先に考えてきた。「フローの住宅」政策を行っている国は、世界中で日本以外に存在せず、国民が住宅を取得することで豊かさを失うという状況を生んでいる。

欧米の住宅政策は居住者の住宅購買力を大前提に設定し、住宅購入者の負担能力の範囲で、住宅購入者のニーズに応えるための設計の取組みが行われている。一方、わが国では経済成長を発展させるために住宅政策が行われ、その住宅政策は経済成長と住宅産業の利益拡大が中心で、最終的に「住宅をストックする国民」には、「不等価交換販売と不等価交換金融」で住宅を取得させ、住宅購入者すべてに資産を失わせてきた。さらに、住宅を取得した人だけではなく、住宅に居住した人、とりわけ高齢化が進んでいるわが国の高齢者に対し、生涯にわたって高額な住居費を負担させ、「下級老人」と呼ばれる貧困層へのスパイラルを経て家庭破壊に追いやろうとしている。それは持ち家の所有者の問題だけではない。公共賃貸住宅も含め、その建設費は異常に高く、それが家賃負担として国民を貧しくしている。

プレーリー様式
一九〇〇〜一九二〇

フランク・ロンド・ライトが提唱した様式。

住宅のデザインとしての基本となる「様式建築」

わが国以外の国の住宅では、圧倒的に様式建築デザインが利用されている。様式建築は単に図案や形のバリエーションとして学習するのではない。建築様式はその社会に登場した歴史と文化を反映した時代の精神を表現するものとして、その時代感覚という社会的な意識、感覚を表している。時代感覚に共鳴するデザインが、後世になっても人々に継承され、その時代の意識表現に活用されている。人々は例外なく歴史の中で文化を継承し、それらを現代の生活の中で活用している。そのため、長い歴史の中で様式建築は、人類の歴史の中で洗練され、改善し、変化し、安定した評価を得るようになる。

建築は、建築主の個性や思想・信条を表現する。そのため、設計者は建築をとおして意思表現するため、歴史・文化・生活の中でつくられた建築のボキャブラリーをたくさん学びながら建築設計に取り入れ、社会的に訴える思想を表現した住宅を設計する。その住宅は、建築主自身にとっても自分の建築思想を表現する「わが家」であるため、当然、居住者はその住宅に帰属意識を感じる。

世界をまたにかけて活躍した岩崎久弥の自邸が、東京・上野の不忍池近くにある。彼は、世界各国の客をもてなすため、世界各地の建築様式を自邸に取り入れた。それは、岩崎久弥が交際する国際的な人間関係によるもので、この邸

緩い寄棟屋根に、水平線を強調するようにケースメント・ウィンドーが連続して並べられ、外壁には、水平線を強調するような暗い色調の帯が設けられる。窓台、バルコニー、テラスなど水平方向の線を強調し、視覚的に対面する壁の同じ位置に窓を設け、視覚が遠方まで届くような計画となっている。

宅に招く客に対する尊敬の気持ちの表れでもある。違った文化をもっている人に、その文化の違いを「優劣(差別)」ではなく、「違い(区別)」として明確に表したのである。この邸宅の設計者コンドルは、わが国の近代化のため、ルネサンス建築様式にしぼって習得したいと望んだ辰野金吾以下の建築学生に、各国にはそれぞれ歴史と文化を担った固有のデザインがあることを教え、「デザイン間には優劣の違いはなく、個性の違いである」と言った話が伝えられている。その違いを表すものが建築のボキャブラリーである。

現代の建材の接合方法は、その後の修繕ができず、「スクラップ・アンド・ビルド」を前提とした材料の取付けである。伝統的建築物で一般的に行われてきた解体修理の方法は使えず、材料供給者にとってもその利益のために破壊し再建する。技能の伝承が否定されれば現場熟練工は姿を消し、工業生産企業中心のリモデリングになる。わが国の職業訓練教育も伝統建築様式教育も崩壊寸前である。その結果、破損の修理、材料の交換を少ない負担で可能にするリモデリングは姿を消し、バスユニット、システムキッチンといった住宅の大型部品ごとの「スクラップ・アンド・ビルド」に代わってきた。それが、住宅所有者の費用負担へとつながっていった。

明治の近代建築教育は日本の伝統建築様式を崩そうとはしなかったが、最初

クラフツマン様式
一九〇〇〜一九三〇

ギュスタフ・スティックレイがカリフォルニアで雑誌「クラフツマン」で提唱した様式。

から人文科学教育を否定してきた。学校教育で始められた近代建築教育として行われた洋風デザイン教育では、「和魂洋才」のルネサンス建築教育が建築設計製図教育として行われた。しかし、近代建築の中にも、掛け軸を飾り季節の花を生ける「床の間」や「書院や違い棚」など、座敷を構成する和風空間に日本人の歴史・文化・生活の憧れは強力に残っており、住宅や建築の学問は、文化帰属性のある人文科学的な内容の学問として理解すべきであることの必要性を説明している。わが国の伝統文化が、近代ルネサンス建築の屋内空間に残されることに抵抗はなかった。洋風近代建築は「仏造って魂入れず」の諺《ことわざ》のとおり、外観は洋風ルネサンス建築であっても、そこにはルネサンスの精神はわずかも取り入れる努力はされず、仏壇や神棚が木に竹を接いだように取り込まれた。

住宅建築設計の場合、所有する住宅を「自分の宝」であると帰属意識を抱ける建築物を設計することが、建築主およびその設計者の住宅建築設計の目的である。「自分の」と感じる意識の裏には、その人の「人格」と「思想」が反映されている。それが人々の「注文住宅」建築の目的である。わが国でも世界と同様に、その人の衣服の趣味、食事の作法、住んでいる住宅、自家用車の類をとおして人物や思想を評価してきた。「衣・食・住」文化のすべてが人文科学的

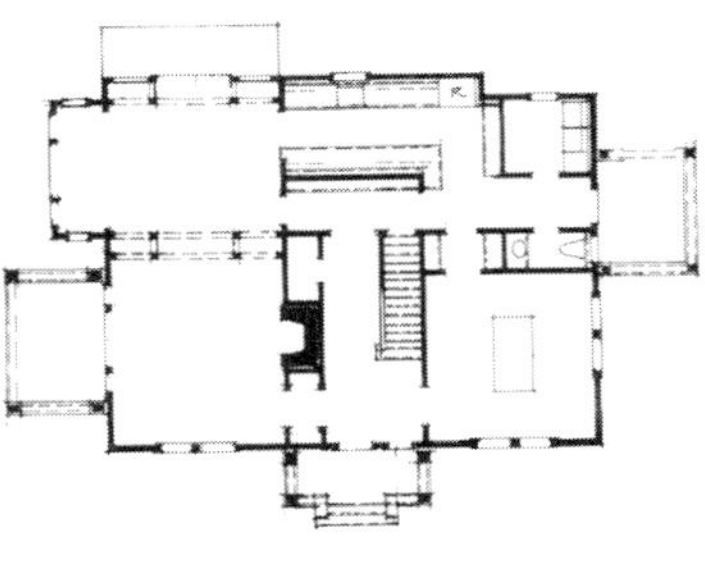

緩い勾配の切妻屋根による大屋根形式の住宅で、桁入り、大きなドーマー・ウィンドーが片流れ屋根として取り入れられることが多い。正面は、玄関前のポーチは全正面に連続する単純で簡素な形が多く、連続のダブルハング・ウィンドーが使われ、構造材がそのまま化粧に使われることが多い。

ボキャブラリーを使って表現される。人間の喜怒哀楽の感情は他の動物と同じように感情表現で、言葉を使わなくても伝達できた。しかし、人間は言葉（ボキャブラリー）文化をとおして、相互に心を通わせ、それによって文化を享受してきたのである。

人類の文化は「はじめに言葉ありき」と聖書に記載されているように、言葉によって意思を伝えることから始められた。人間の文化の原点が言葉である。私たちは言葉を使うとき、「バベルの塔」の物語のように、言葉はそれを使う人の共通の意思伝達を行うことができる。言葉の意味は、人間社会の中で形成された文化的約束である。デザインもまた、意思を伝達する言葉である。洋風建築も和風建築もそれぞれ歴史と文化に根ざした形態と装飾、そして詳細が担っている建築の言葉によって建築主の意思を伝達してきた。設計者と大工、左官、屋根職人等の施工者が建築の言葉を覚え、それらを的確に使うことで、建築主の求める建築文化を実現してきたのである。

［III］―― 居住者本位か、住宅産業本位か

セレブレイション(アメリカ・フロリダ州)
❶最初のプレビューセンター(現在バンク・オブ・アメリカ)／❷ファウンダーズパーク／❸ブルームストリート／❹ボヘミアンホテル(設計=グラハム・グント)／❺フロントストリート／❻セレブレイション・ムービー・シアター(設計=シーザー・ペリー)／❼レイクサイド・プロムナード・ファウンテイン(設計=ランドスケープアーキテクトEDAW)／❽サントラストバンク(設計=ロバート・ベンチューリ+デニス・スコット・ブラウン)／❾現在のセレブレイションの中心事務所(設計=フィリップ・ジョンソン)／❿郵便局(設計=プリンストン・ニュージャージー建築士事務所、マイケル・グレーブス)／⓫マーケットストリート(セレブレイション最初のショッピングプロムナード)／
商業施設の上の住宅は、アクティブ・リタイアメント・コミュニティで有産階級の住宅である。セレブレイション・ダウン・タウンをいつも富裕層が楽しみ、街の賑わいをつくっている。

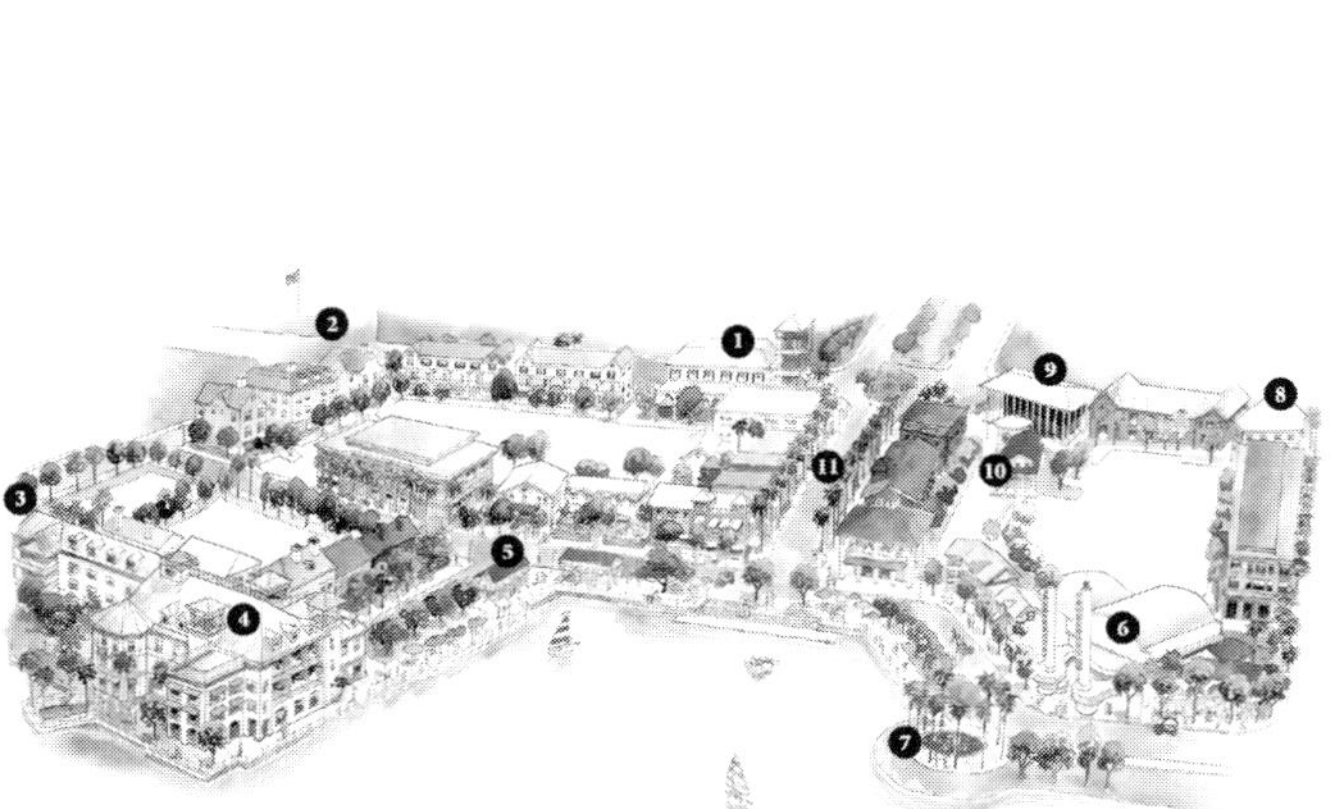

1——共同分譲方式の考え方の特異性

住宅は動産か、不動産か

住宅とは、わが国では土地と切り離した建築物をいい、わが国以外では土地を建築加工した住宅不動産をいう。わが国の民法第八七条の定義では、土地と建築物とはそれぞれ独立した別の不動産とされるため、住宅と土地が別々の不動産として存在している。そもそも住宅不動産は、土地に定着した状態で初めて所期の効用を発揮するもので、自動車のような土地に定着していない「動産」ではない。敷地へのアプローチ、敷地の入口、敷地の囲い、周辺敷地との関係（街並み景観と敷地からの眺望）で変化し、敷地内の配置計画のすべてが住宅不動産の一部である。敷地と住宅とを切り離すことは不可能である。

わが国では住宅それ自体が単独で不動産とされているが、住宅展示場で組み立てられたプレハブ住宅は、人々が居住せず、しかも土地に定着せずに移動できる状態であるため、住生活環境が形成できず、理論的には「動産」である。それはアメリカにおける工場製作されたモーバイルホームと同じで、アメリカでは理論と実際が照合して扱われるため、モーバイルホームは動産である。し

アーリー・コロニアル・リバイバル様式
一八八五〜一九一五

アメリカで大人気となったクィーン・アン様式に連窓などの新技術の導入とアーリー・コロニアル様式に回帰した様式。

かし、それを住宅地の建設現場に定着された段階で、法律上、土地利用計画どおり土地を加工し住環境を形成した不動産と扱われる。

しかし、わが国では住宅設計をしてから土地探しをする異常な建築設計業務が行われ、住宅設計が土地と切り離して単独で行われてきた。また、住宅の配置計画においては南面採光を住宅設計の基本と考えてきた。住宅の屋外工事は外構工事といい、造園工事は住宅と切り離して独立した芸術作品としてつくる「ガーデニング工事」として扱われてきた。

わが国の伝統的邸宅建築では、金閣寺、銀閣寺、桂離宮、修学院離宮の例を見てもわかるように、欧米の住宅建築と同じ人文科学としての歴史と文化を反映した住環境づくりと一体的な設計が行われてきた。それが国際的にみた共通の住宅設計である。明治の近代化以降、民法を前提にした建築教育が歪んでいったのである。

住宅に生活するということは、住宅を中心にした生活空間(住環境)を使って生活をすることである。それは住宅の内部空間から屋外空間へ、さらに近隣地区から地域の生活へと敷地境界線を超えて広がっていくことである。人々の行動圏の拡大だけではなく、コミュニティとしての人との関係を広げ、生活をそれだけ豊かにする計画を行うのが住宅設計である。しかし、わが国では住環境

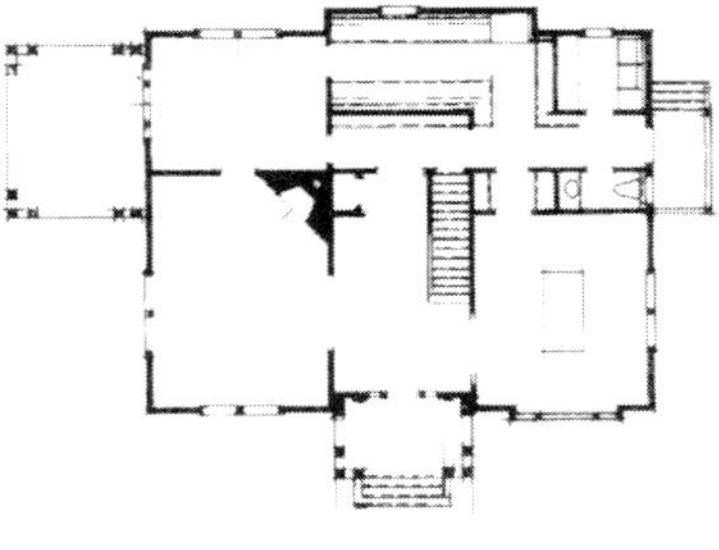

対称形の構造原型を一部窓によって崩したもので、両袖に切妻屋根を前面にして、その間に玄関部分をはさみ、一階の玄関ポーチコ部分の上階をベランダにする。屋根にはドーマー・ウィンドーのような豪華なものを用いることが多い。煙突、棟やペディメントにも装飾を重視している。

という視点が弱く、住宅と敷地とを別の不動産と捉え、切り離して考えてしまい、住宅と敷地の価値を単純に加算した価値と扱っている。

一九八〇年代に住宅・都市整備公団が開発した共同分譲方式の考え方が、わが国の住宅と土地との関係をわかりやすく説明している。共同分譲方式とは、住宅・都市整備公団が造成地を原価で供給し、ハウスメーカーがその土地に規格型住宅を安価で大量に供給し、土地と住宅とをペアで原価販売することで、消費者に最も安く土地と住宅とを供給する方法と説明していた。

また、この共同分譲住宅は、任意の土地と任意の工業生産住宅の選択肢という任意の組合せの中から、消費者がニーズに合ったものをバラバラに選択させるもので、最も合理的な価格で取得できる方法であると住宅・都市整備公団は説明した。その理由は、公団供給の原価販売された土地と、ハウスメーカーの大量生産による合理的販売価格を住宅価格として組み合わせたもので、最も合理的な価格で住宅を供給する方法であるという公団の説明を国も支持した。

実際の共同分譲住宅の販売価格は、表向きの説明とは違っていた。公団の宅地開発では、商業金融金利七・五パーセントの財政投融資資金を使い、冬至日四時間日照を南北の隣棟間隔で確保するという建物計画基準を満足させる法定都市計画で定められた建蔽《ぺい》率および容積率いっぱいの宅地に、ハウスメーカー

ダッチ・コロニアル様式
一八五〇〜一九三〇

オランダ植民地時代のダッチ・コロニアル様式の妻壁への回帰。

の供給する戸建て住宅を詰め込むというコンセプトにより、鉄筋コンクリート造のひな壇造成を巨額な造成工事費をかけて行った。言い換えると、政府自体が利殖目的で商業用高金利の財政投融資を利用させたために土地は高額となり、金利で国家が金融利益を上げる枠組の下で宅地供給が行われた。

その上、狭小化した宅地は鉄筋コンクリート造垂直擁壁のひな壇造成で、貧しい景観の造成地であると言わざるを得ない。鉄鋼とセメント産業と建設業者に巨額の利益を約束する宅地造成事業であったため、造成地価格は素地価格の五〇倍以上になっていった。公団の粗利はゼロと言っているが、コストは完全回収して特別に安価とするわけではない。

また、ハウスメーカーの住宅は大量生産により安い生産原価であると説明したが、生産原価は安くても、それに広告・宣伝、営業・販売に要したサービス業務の経費を混ぜたものを直接工事費と欺罔《ぎもう》して回収する独占価格で、直接工事費の二・五倍と異常に高い販売価格であった。その政策は、住宅供給事業者の営業本位と開発業者(住宅・都市整備公団)に金融を行う政府(財政投融資会計)が利益を上げるための事業で、住宅購入者の利益を中心にしていなかった。この地価高騰を容認する政策は、土地担保金融政策の基本で、わが国の経済金融政策であった。

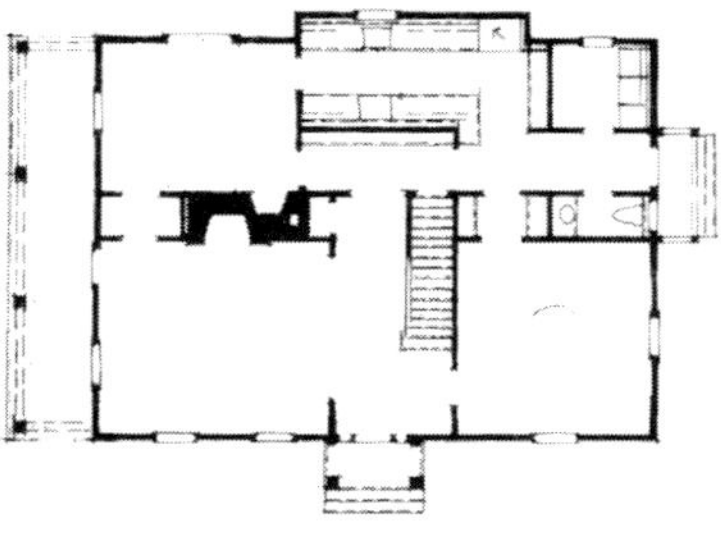

急勾配の切妻屋根は腰折屋根であるが、庇部分が緩い勾配で長く張り出している。庇部分は柱で支持され、屋根の断面はS形。鎧戸付のダブルハング・ウィンドーが主体で、ガラスは各戸とも六枚で構成されている。玄関は二枚扉が中心であるが、一枚扉で、欄間、側窓を設けたものも多い。

共同分譲方式においては、理論的には欧米の住宅不動産のとおり、土地を環境創造するには労働価値が加算されてよいはずである。しかし開発業者は、共同分譲方式は「原価販売」であるため、環境創造価値は販売価格には盛り込まれていないという経済理論に矛盾した説明を行った。さらに、住宅と住宅地は別の不動産と定めた民法の規定自体の非科学性を逆手にとって、住環境整備を行わず、実際は高額な住宅不動産を安価に供給できると虚偽の説明をした。

建築基準法では「一敷地一建築物」の原則があり、各敷地は幅員四メートル以上の道路に二メートル以上の接道が義務づけられ、また、建物は隣地境界線から五〇センチメートル以上離さなければならないという民法で定めた後退規定を杓子定規に遵守した宅地開発が行われた。そのため、狭い宅地の取付け道路と隣地後退間隔とで幅約一メートルの利用されない住宅間空地が「管理の行き届かない土地」として残され、荒廃した住宅地が開発された。高地価の隣棟間に管理されない土地が放置される不合理を、住民も行政も疑問視してこなかった。敷地内の空地と呼ばれる土地は、パーキングに利用される以外は日射も得られないため造園にも向かず、まったく無駄な空地として放置されてきた。

また、「旗竿敷地」と言われる道路に二メートル接した敷地をつくるため、道路まで敷地を延長する幅員二メートルの通路と呼ばれる利用目的のない空地

エリザベス様式（チューダー様式）
一九一〇〜一九四〇
チューダー様式のコテッシやファームハウス（荘園邸宅）の様式を中心にした様式。

をつくった。その宅地に旗竿敷地全体を敷地と見なした建蔽《べい》率および容積率規制により住宅が建てられ、敷地面積に通路面積を含んだ狭い敷地での過密開発となった。そこには住宅地環境への配慮はなく、土地と住宅とを別の不動産として扱う数値上の扱いで発生した住環境悪化の問題であった。わが国で住宅敷地を考えるとき、そこには環境概念はまったく考えられていない。空き地に車の駐車を考えるのと同じ考え方で土地に住宅を計画している。

　同時代にアメリカでは、地価の高騰に対して住環境を守るための取組みとして、土地の高密度開発を実現するタウンハウスによって「戸建て住宅並みの環境を、共同住宅並みの価格」で供給していた。そこでは、取付け道路や敷地延長の旗竿敷地、相隣間の幅員一メートルの空地、その他不合理な土地利用を廃止し、共同住宅並みの高密度な土地利用を行った。さらにパティオやアトリウムの囲い庭、リビングポーチなどの計画により戸建て住宅並みの住宅地環境を実現した南東向きの住宅地とすることで、近隣を結ぶコミュニティのある住宅地（ユニット）の開発（PUD＝プランド・ユニット・ディベロップメント）を供給してきた。

　この「戸建て住宅並みの住環境を、共同住宅並みの価格で提供する」アメリカのタウンハウスの取組みは、現代のアメリカだけではなく、世界の住宅開発

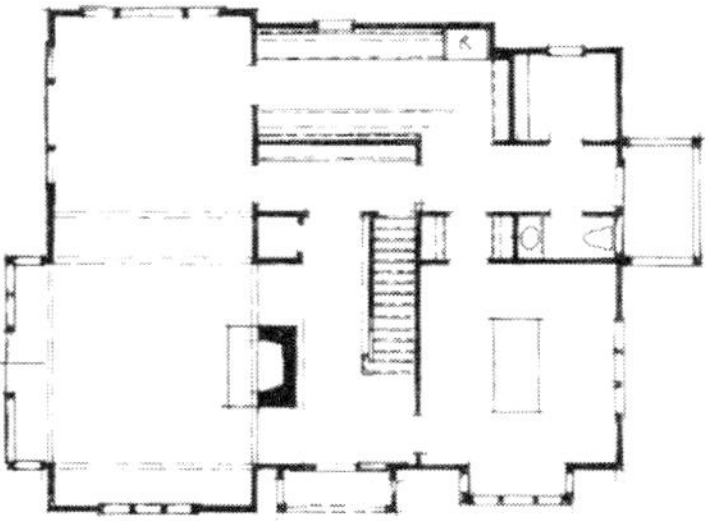

急勾配の切妻屋根で、中央に高い壷飾りのある煙突があり、袖棟と十字交差する。ハーフティンバー構造によって、構造体が化粧としての意匠となり、菱形のガラスを鉛で組み合わせてつくられたケースメント・ウィンドー連窓が簡素に調和よく取り付けられ、玄関扉は縦板扉、組積造でつくられることもある。

に取り入れられている。そのカギは、住宅購入者の経済負担を最小に抑え、高い品質の環境を実現することである。

一九五〇年に建築基準法が制定されたとき、「一団地の住宅施設」として取り入れられたアメリカのＰＵＤの制度は、土地収用法の強制権と平仄《ひょうそく》を合わせ、五〇戸以上の住宅団地に対しては都市計画法第一一条として扱い、五〇戸未満の住宅地に関しては、それを「用途上不可分な一団地の土地」として全体を一敷地と見なす扱いが建築基準法施行令第一条第一号の「敷地」の定義で定められた。「用途上不可分な」の意味は、全体が一の経営者の下で管理されていることをいい、戸建て住宅地の場合でも、全体がＨＯＡ（ホーム・オーナーズ・アソシエーション＝住宅所有者組合）の下で経営管理されている住宅地であれば、「一団地の住宅施設」と同じ概念に含まれる。コテージ型ホテルもビル型のホテルも同一の敷地で経営できる理屈である。

都市計画行政と住宅・建築行政

わが国の住宅設計では、土地と住宅とはそれぞれ独立した不動産であることからバラバラに設計されてきた。土地は都市計画法に基づき土木工事としての開発行為とされ、住宅建築は建築基準法に基づき土地と切り離された建築行為

スパニッシュ・ミッション様式
一八九〇〜一九二〇

バロック風のパラペットの切妻屋根が特色。

とされたため、土地と切り離されてきたのである。

一九六八年には、都市の不正常なスプロールが都市施設の整備と切り離して進行し、都市の将来に大きな再開発をしなければならない「負の資産」を残すことが危惧され、イギリスの都市計画法に倣った現行の都市計画法が制定された。イギリスの都市農村計画法に倣うことは、法律を同じにするだけではなく、都市計画教育をイギリスのように変えることを意味していた。立法作業上は土木と建築の行政権の面で対立したが、実はその背景には土木工学と建築学の対立があり、それが土木と建築行政の対立の原因となっていた。しかし、一九六八年の都市計画法立法時に、イギリスの都市計画に倣った計画許可制度となれば、建築基準法の集団規定は都市計画法に吸収され不要となる。国は都市計画法の立法に反対し、立法自体が危うくなった。急遽、既存の行政利権を開発行為と建築行為の利権として尊重するという合意によって、既存の行政の縄張りを変更させない方法で都市計画法が制定された。

しかし、東京都は開発事業負担が過重であるという住宅業界の反発を受け、都市計画法に定義された開発行為とは違った法律違反の開発行為の定義を「開発許可の手引き」で定め、行政指導が行われた。それを国が追認し、現在に引き継がれている。その都市計画法と矛盾した「開発行為」の定義により、違法

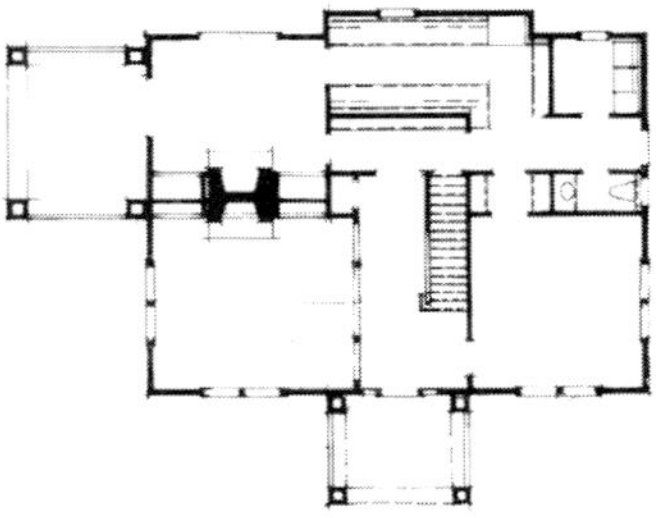

緩勾配の寄棟屋根で、庇が張り出している。対称形を原則とし、中央部分にペディメントのあるポーチコが計画される。ペディメントは、パラペット形のバロック風切妻壁。ダブルハング・ウィンドーが一対で左右対称に取り付けられる。玄関扉の側には採光用窓がある。

な開発行為が横行している。わが国の都市計画行政は、都市計画の作成方法も人文科学ではなく、建設工学で扱われてきた。そこには歴史・文化・生活という人々の環境を考える余地はなく、実際の開発行為として行われた開発計画は、開発道路幅員は六メートル以上の制限に沿い、幅員四メートルの道路に二メートル以上接道する宅地をできるだけ大量供給するだけの計画で、居住者の住環境を考えてこなかった。

都市計画法の定義に定める「開発行為」では、例えば敷地面積五〇〇平方メートルを超える敷地の場合、開発許可の取得が義務づけられている。しかし、東京都の都市計画行政として土木が行う「開発許可の手引き」では、土地を一メートル以上の切り盛りをしなければ開発許可ではないとし、開発許可の後、そこで高さ一〇メートル以上の敷地の切り盛りを行う場合は建築行為であるため、建築工事で行う敷地の切り盛りには開発許可が及ばないという開発業者に対し、開発許可基準に従わないでよいとする違法な手引きである。このように開発行為と建築行為を切り分けると、開発行為全体として許可の対象となる事業に都市計画法第二九条の開発許可の実態が存在しても、開発許可は不要になる（東京都目黒区と東京都町田市の事例）。

そして、「建築行為は開発行為に含まれない」という扱いが違法に行われる

プエブロ様式
一九〇〇～一九九〇年代

プエブロ・インディアンの伝統様式を採用。

ため、大規模の宅地造成を先行させ、その開発許可が下りてから幅員四メートルの道路に接道する宅地造成が建築行為と一体で行われてきた。明らかに脱法として行われた開発行為では、東京都が作成した「開発許可の手引き」に基づき行政実務が行われてきた。実際には都市計画法で定めた敷地規模以上の開発行為を行いながら、開発行為は存在しないという扱いをし、開発許可基準に違反した開発行為が行われた。その開発許可に関する開発計画を行っている技術者は、開発許可申請者、建築確認申請者、開発許可および建築確認担当吏員でそのすべてが都市工学科、土木工学科、または建築学科の卒業生たちである。

特に「聖域(日本国憲法のこと)なき構造改革」政策後の行政処分における不正を争う行政不服審査法(開発審査会・建築審査会)および行政事件訴訟法(行政裁判)の結果が、憲法第二五条および第二九条を根拠にしない、すべて違法な都市再生特別措置法を根拠にした都市計画法および建築基準法改正によるものであった。都市再生特別措置法は、「聖域なき構造改革」という政府が不良債権で経営破綻寸前の企業を救済するための「徳政令」ともいうべき規制緩和措置である。

欧米であれば、都市計画は都市の歴史・文化とそこで生活する人の歴史・文化を考えた環境計画であるため、人文科学で行われなければならない。しかし、

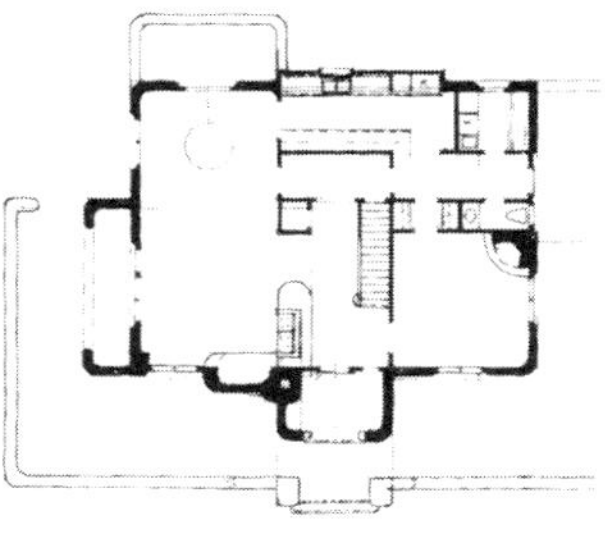

丸太による梁(ベガ)とその梁をくり貫いた樋(キャナル)とが、外壁面に突き出したデザインの日干しレンガ(アドベ)構造で、建物の隅角部はすべて丸味をもたせてつくられた。多くのガラスで構成された窓が、壁面からめり込む形で取り付けられている。壁の厚さが厚いためである。

日本では土木工事のための造成計画を行い、人文科学的考慮は初めから問題にせず、都市計画を都市工学や土木工学で扱うものと主張している。イギリスの都市計画法を下敷きにしながら作成された日本の都市計画法は、その結果、イギリスとは似て非なる法律となった。その最大の原因はやはり、都市計画を人文科学で扱わずに建設工学で扱っていることにある。

日本の大学の住宅、建築および都市計画の教育において、建築基準法および都市計画法は建築学および都市施設工学であって、欧米のように人文科学ではないため、欧米同様の都市計画や建築設計計画の理論を正しく教育できる大学、教員は皆無に等しい状況である。図書館や書店には、建築、都市設計計画に使える教科書は一部の翻訳による理論書以外存在しない。

建築行為を開発段階で規制できず、開発規制は宅地を接道させるだけで、土地と建築物を一元的に環境形成する道が閉ざされることになった。都市計画法による開発行為は建築敷地を確定する宅地造成のためのものとなり、建築基準法は開発行為により宅地造成された敷地の上に建築物をつくる役割を確認する事務として担わされた。「もの」としてつくられる住宅設計業務は、都市と切り離された建築敷地の上に、建築基準法で定められた集団規定の制限の中で敷地を最大に有効利用することとされた。公共機関による宅地造成であっても、

スパニッシュ・コロニアル・リバイバル様式
一九一五〜一九四〇

一九一五年、パナマ・カリフォルニア博覧会で復興されたスパニッシュ・コロニアル様式。緩勾配の切妻屋根の非対称立面。

非常に高地価であることから、敷地を最も効率的に利用することが建築主の基本的要求となった。

住宅設計は集団規定が設計の基本条件といわれ、法定都市計画が個々の宅地に許容された建築物のエンベロップ(外殻)の形態を決めていった。また、建築物の外形は、本来のデザイン決定要素以外の条件で決定された。欧米の都市環境の常識で考えたら、わが国の大都市圏における宅地の賦存量は過剰供給であるにもかかわらず、信じられないほど狭い宅地を増産し、その狭い宅地に住宅を無理に押し込めている。その結果、建築基準法の集団規定が建築物の設計条件になってしまい、建築敷地の中で自由な設計ができなくなってしまっている。その理不尽な住宅環境問題がわが国の建築、住宅、都市、土木を扱う大学教育で基本的に問題にされない理由は、人文科学として住宅、建築、都市を研究・教育する視点がなく、ディベロッパー、鉄筋コンクリート産業の経済的利権と地方公共団体の税収増を正当化するための教育だからである。

不当な宅地政策の上に建設工学的な視点で、技術的にさらに詰め込む建築基準法に違反した緩和措置、「総合設計制度」技術で法定都市計画違反の開発を行ってきた。これは、容積率の緩和により延べ面積回復を増大するものであって、環境を悪化させるものである。憲法第二五条および第二九条を根拠に定め

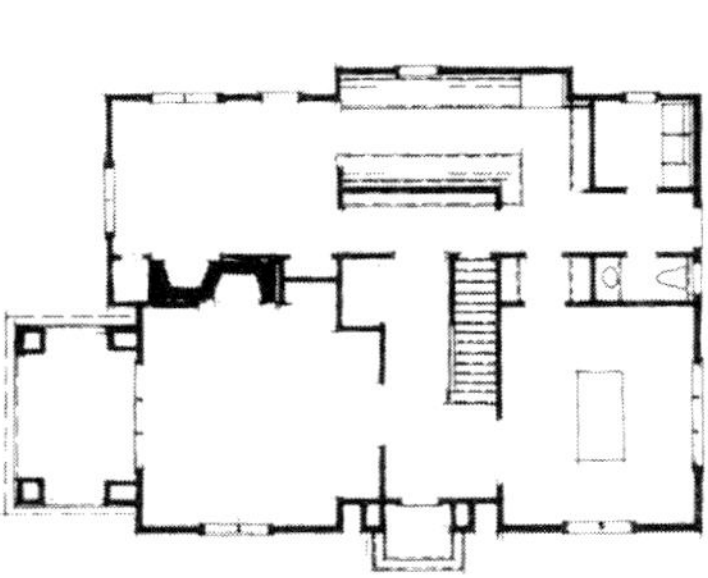

スタッコの外壁と赤瓦による屋根でつくられ、観音開き戸のケースメント・ウィンドーが取り付けられる。玄関は、丸型アーチのある出入り口で囲われたポーチコの突き当たりに板扉が設けられる。扉、窓等に半円形アーチが多用される。

た都市計画法および建築基準法を、聖域なき構造改革を実施する都市再生特別措置法を根拠に改正し、これまで不可能であった規制緩和を実施してしまった。つまり、都市再生特別措置法は、憲法第二五条および第二九条に優先される法律とされ、事実上の憲法違反ともとれる法律が断行された。これが短期間のうちに大都市のスカイラインまで変化させられた理由である。そして、法律違反の「開発許可の手引き」や「総合設計制度」による法律違反の規制緩和が行われてきた。

住宅政策の結果としての「下級老人」問題

一九五二年に締結された日米安全保障条約は、日本全体を米軍の兵站《へいたん》基地とし、米軍の東南アジア戦略に必要な軍需物資を生産供給する役割を担わせてきた。ベトナム戦争が終結し、軍需産業向け住宅供給の必要がなくなったため、これらを供給してきた住宅産業を救済する必要が生まれた。政府が育成してきた住宅産業の経営を維持する上でも、軍需産業向け労働者住宅に代わる住宅需要をつくるための住宅産業政策が必要となった。

こうして一九七六年から始まった住宅建設計画法による住宅政策は、住宅産業向け需要を創出すべく、国民に住宅を供給する政策への転換を図った。ベト

モントレー様式
一九二五〜一九五五
スパニッシュ様式とアングロ・サクソン様式の融合様式。

ナム戦争終結までの産業の発展において、経済は高度成長し地価が高騰したため、個人に土地を購入させることは困難になっていった。そこで、持ち家についてはすでに宅地を保有している人に建て替え事業として供給し、土地購入費の負担をなし（最小限）にして建築投資を最大にする政策を実施した。

個人住宅所有者に建て替えを踏み切らせるため、政府は減価償却論をもち込んだ。「既存の木造住宅は、建設後二〇年経過した住宅の価値はゼロである」と説明し、官民一体となって住宅建て替え政策を展開した。それが「量から質へ」の住宅政策として展開された。国民には将来の生活まで見込んで、これまでの一宅地に二戸以上の潜在地価を顕在化させて、あたかも利益を得たかのように説明し、既存木造住宅は取り壊させ（資産をゴミにさせ）、できるだけ大きな住宅（二世帯住宅、三世代住宅）を供給する政策に転換し、その住宅を購入できる住宅金融制度がつくられた。この建て替え住宅政策により、取り壊された住宅所有者は、その資産を失った。

まず、住宅購入額の全額を融資対象にすることで購買能力を拡大した。その後、住宅購入者のローン負担を少なくするため、住宅ローンの償還期間は三五年とされ、初期段階の返済額を少なくし、元金を後年度払いとする元利均等償還にした。住宅ローンは、後年度になっても残債は減少しない返済方法である。

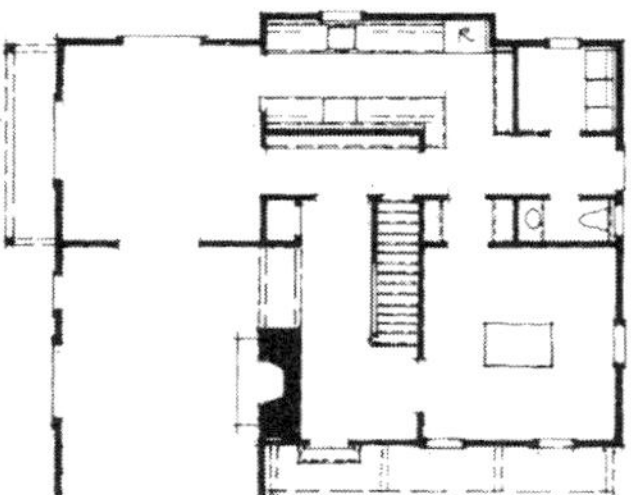

緩い勾配の切妻屋根が交差して十字形屋根となって、袖棟の切妻が前面から見える。二階部分には連続したベランダが設けられ、ケースメント・ウィンドーには鎧戸が設けられている、装飾はほとんどなく、外壁にはスタッコが使われる。イングリッシュ・コロニアル様式とスパニッシュ様式とが折衷されている。

つまり、新築住宅購入後二〇年経過しても残債が七〇パーセントもあり、その上、中古住宅の売却可能価格は購入価格の五〇パーセント以下であるため、その時点で定年、配置転換、非正規職員化等で収入が激減すると、結果、ローンが返済できずに住宅を売却することになる。さらに、住宅ローンの清算をすれば住宅を失い、二〇パーセントの残額が残るということになる。

　不等価交換販売とそれを幇助《ほうじょ》する不等価交換金融を利用したハウスメーカーと公団・公庫に融資した財政投融資会計は急成長し、住宅購入者は損失を被った。そのつけが現在、長寿社会を迎え、「下級老人」問題と言われる高齢者が貧困のスパイラルに巻き込まれ、家族全体が貧窮化する原因となっている。

　いったん購入した中古住宅の販売に対する住宅ローンを認めない住宅政策により、中古住宅は新築市場と競合できない住宅にさせられ、購入者は売却できず、生涯的に保有し高額なローンを支払い続けざるを得ない。市場流通性は低いため、相続人による建て替え(スクラップ・アンド・ビルド)の対象とされ、長期にわたる住宅ローンの支払いが終わった住宅を市場で流通させることは困難である。その理由は、中古住宅価格がゼロに近い評価をされ、なおかつ住宅地環境への配慮がなく詰め込まれた土地は、環境が悪いにもかかわらず高地価であるためである。

屋根の形式名称①

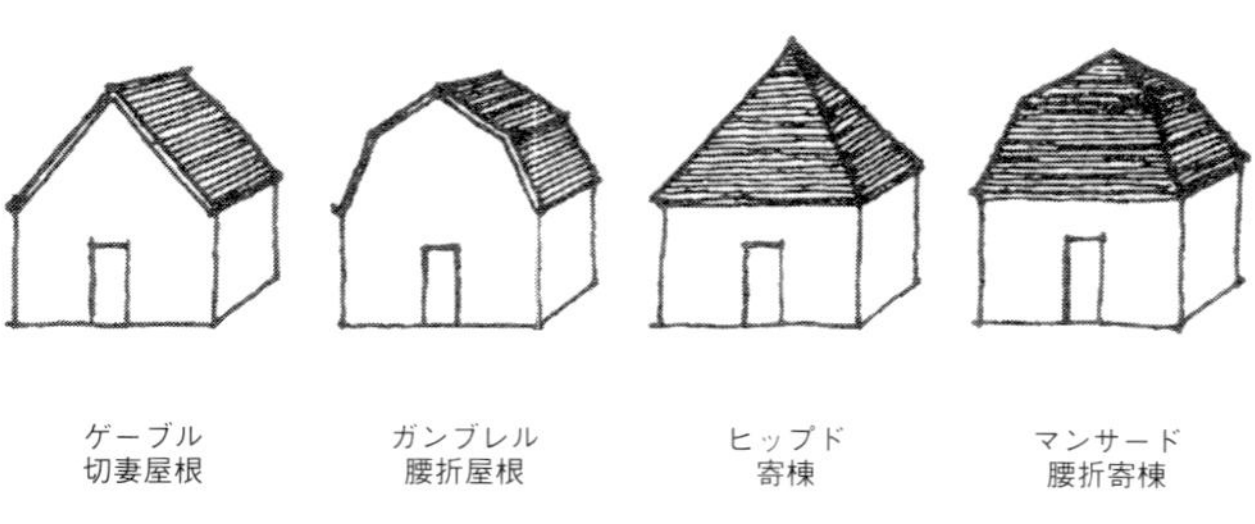

政府は、これらの住宅は潜在地価を顕在化させたことで価値を創出したと説明し、GDP最大化の経済政策として展開した。「建て替え住宅政策」は経済政策の基本に据えられ、顕在地価が取引価格となり、固定資産税の課税ベースとなり、価値の創造した分は基本的に税負担増となった。国民は資産増額分が税額負担増となり、それは地方財政を潤しGDP最大化の経済政策となった。建て替えにより地価が上昇することで課税標準が引き上げられ、不動産取引税、固定資産税という税収増となり、政府(中央・地方)が財政的に潤うことになる。

住宅購入者が住宅を取得して資産を失う仕組み

新築住宅では、「差別化」政策により、目立ちやすく時代の流行を追ったデザインの住宅が販売されたが、そのデザインは寿命の短い使い捨てのデザインとなった。そのため、当初政府はハウスメーカーが不等価交換販売の事実を隠蔽《ぺい》するために持ち出した減価償却の弁明の口実により、設計能力のない建築士による短期に魅力を失う貧しい設計を正当化し、需要されない住宅として市場で急激に取引価格を下落させてきた。そして、物理的にも社会的にも経年劣化すると説明する減価償却資産の考え方を言い訳に、不等価交換販売の不正が露見したとき政府は、住宅の価値評価は減価償却であると虚偽の説明を行い、住

屋根の形式名称②

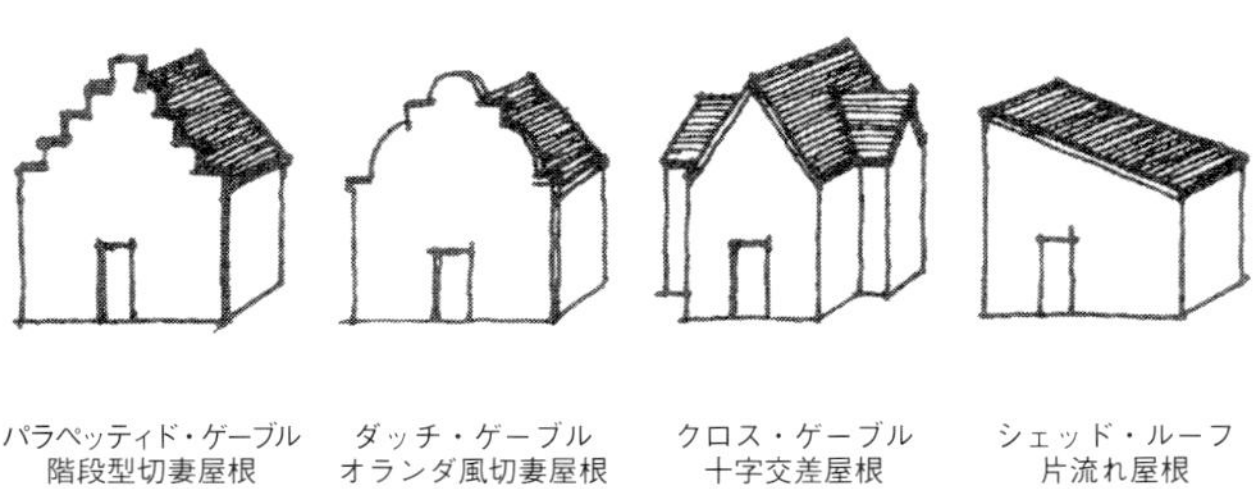

宅販売会社の不等価交換販売を結果的に正当化した。

　政府の建て替え政策は、高度成長で高騰した宅地を購入しないで、すなわち、土地購入費ゼロで住宅を建設させるために減価償却論を違法に持ち込み、既存木造住宅の資産価値はゼロとするものであった。住宅展示場を利用した営業マン中心の営業で、住宅不動産に対する国民の専門的知識のないことを利用して建て替えを煽《あお》った。政府は、ハウスメーカーの既存住宅は減価償却論で評価することが正当であると教え、木造住宅所有者に既存木造住宅へのこだわりを消滅させ、プレハブ住宅による建て替えを促進する政策を展開した。

　しかし、現実に引き起こされた建て替えやミニ開発は、住宅地に過密居住させることで住宅地環境をむしろ悪化させた。高騰した土地を売却した者は売却益を得たが、自宅を建て替えた人は潜在地価を顕在化しただけで、土地で利益を上げたと勘違いさせられた。つまり、「スクラップ・アンド・ビルド」で建設と販売に関係した業者が利益を上げる「フローの住宅」での建設事業費は拡大したが、既存住宅を建設廃棄物にすることで既存の住宅資産を保有した「ストックの住宅」の所有者は、潜在地価を顕在化させることで税額増という損失を被った。日本で言われている建て替えによる資産価値増の理屈は、住宅購入者を貧困化させる途であった。

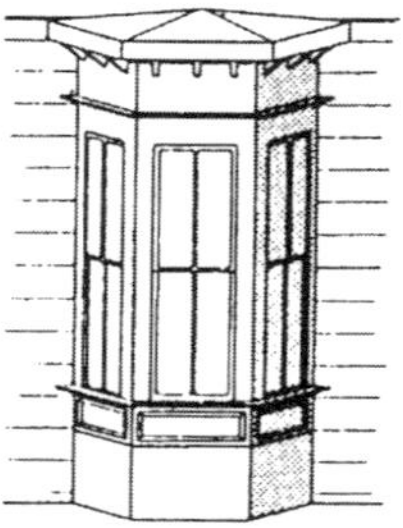

ベイ・ウィンドー
柱間いっぱいにつくられた突出し窓で、通常、地盤面からつくられる

2――住環境の形成と住環境経営

「欧米の住宅不動産」の設計

欧米での住宅不動産は、住生活環境として定めた土地利用計画に従って土地を建築加工したものを指す。土地と住宅とが不可分一体の不動産で、人文科学的環境の構成要素である。住宅居住者の生活は住宅単体で完結するものではなく、その近隣環境の生活の広がりと一体に形成されるものである。

アメリカで住環境という場合、歴史的な環境形成の背景を考える必要がある。イギリスからアメリカに移住した人の中には、資産があってイギリス貴族のように大きな土地を購入する者もいた。そこに一戸で周囲の土地と独立した住環境を一緒につくれる敷地は、一戸で一エーカー(四、〇〇〇平方メートル)と言われた。しかし、次第に地価も上昇し、街としてつながりができてくると、一戸の住宅として住環境を守れる敷地としては、ハーフエーカー(二、〇〇〇平方メートル)からクォーターエーカー(一、〇〇〇平方メートル)と徐々に小さくなっていった。そのうちに、周辺の環境に大きな影響を受けない住宅地の環境としてハーフエーカーを確保し、その敷地全体を一体的に開発、管理することを

オリエイル・ウィンドー
二階以上につくられるベイ・ウィンドーのことをいう。

考えた。

カリフォルニア州において、住宅の資産価値を守るべく、自治的管理の住宅地「CID（コモン・インテレスト・ディベロップメント）」の取組みが法制定された。この開発での最小規模はハーフエーカーが一つの目安とされ、その敷地の中心に設けたコモングリーン（共有緑地）を囲んで六戸程度の住宅で構成される規模が、一つの自己を守れる住宅地環境単位と考えられたのである。現在では行政的にもCIDを容認するまでになり、その傾向が進めば地方公共団体の否定になるとも言われている。

PUD（プランド・ユニット・ディベロップメント＝一団地の住宅経営）が、一九五〇年に建築基準法に取り入れられ、都市計画法が関連改正されて「一団地の住宅施設」となり、建築基準法施行令には「用途上不可分の一団地の敷地」の規定が設けられた。いずれも、広さが一定の規模以上あれば、外部から乱される心配の少ない安定した住宅地環境を形成できるという考え方に立つものである。

都市では、法律上都市計画で定められた土地利用計画に基づき、敷地ごとに自由な開発を認めることで、全体が予定調和した環境が形成される方法がとられてきた。敷地規模が住宅地環境を決める基本的条件であるが、わが国では住

フレンチ・ルーラル様式
一九一五〜一九四〇
第一次世界大戦で毒ガスで倒れた軍人がフランスの貴族に助けられ、その記念として建設した様式。

環境の基本である敷地規模が等閑視され、大学教育においても住環境における設計・計画が存在していない。都市計画法制度をアメリカやイギリスに倣えば同じような住環境ができるという勘違いがある。住宅の延べ面積を比較しても、都市住宅の大雑把な大きさの目安の平均で、アメリカの戸建て住宅一戸当たり約二五〇平方メートルであるのに対し、わが国では約一〇〇平方メートルで、敷地で一宅地は約六〇〇〜八〇〇平方メートルに対し、日本は約八〇平方メートル程度である。この面積の違いは、住環境の質的な違いである。

　歴史的にアメリカの住宅地開発の方法を見ると、敷地に建てられる住宅は、道路境界線から前面道路幅員と同じ幅以上の距離を壁面後退(セットバック)させるとともに、住宅には裏庭があり、敷地の背後にごみ収集のためのバックアレーをつくるように計画されていた。それに対し日本では、住宅は基本的に六〇パーセントの建蔽《ぺい》率制限を守れば、敷地境界線いっぱいまで建ててもよいことになっていた。その結果、住宅の隣地境界線上に、工事人が移動できるスペースとして民法で定められた最小の五〇センチメートルを取るとほぼ建蔽《ぺい》率いっぱいとなり、駐車場の土地すら満足に計画できず、現実に道路にはみ出して駐車する事例は枚挙に暇がない。また、日本の住宅地は、集団規定の建築制限で建築形態が決まるほど詰め込まれたものとなり、住宅の配置計画を含む住

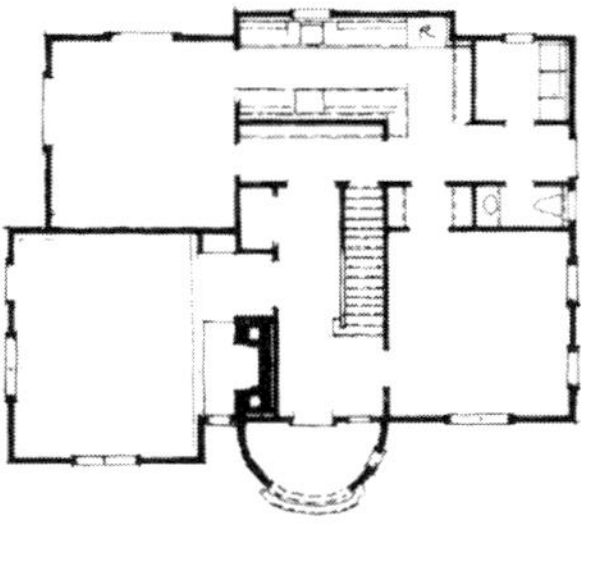

急勾配の寄棟屋根にドーマー・ウィンドーが取り付けられた非対称形構造。組積造でつくられ、ケースメント・ウィンドーに鎧戸が付いたもので構成され、アーチが取り入れられている。玄関部分には鐘塔のイメージをデザインしたポーチコが設けられ、二階部分はバルコニーとなっている。

環境計画はできない状況になっている。

住宅の設計と言いながら、住宅と一体としてつくるべき設計ができない状態であるため、住環境設計を行うのは無理である。隣地境界線に面して窓が計画されている非常識も、住宅と土地をそれぞれ別の不動産として扱っているために起きている。それならば、敷地境界線いっぱいに建築物を連続的に計画すべきであるが、わが国では独立住宅を邸宅と勘違いしているため、敷地条件を無視して先に住宅を計画し、それを敷地に押し込め、隣の住宅の窓の前に壁をつくってもよいと考えている。日本の住宅計画では、狭い敷地内部で処理できない問題のしわ寄せを外部環境が受けることとなり、相隣関係を良くしようという住宅計画論も、「近隣住区論」のような地縁的環境管理の計画論もない。

アメリカでは、最初に都市計画で都市環境の基本計画(マスタープラン)を定め、住宅地環境を計画し、そのマスタープランに基づいて各敷地(サブディビジョン)が遵守すべき土地利用計画をゾーニング・コードで定めている。規制の範囲で住宅を計画すれば、都市計画で決められたマスタープランに合った街並み景観がつくられる。シングル・ファミリー・ハウス(戸建て住宅、二連戸住宅、連続住宅)と土地を共同利用するマルチ・ファミリー・ハウス(共同住宅)とは開発密度が異なることから地価評価が異質になるため、都市計画上の土地

モダン様式
一九二〇〜一九四〇

機能主義をデザイン化した様式。

利用が別の地域とされ、戸建て住宅地でのマンション建設は禁止されている。

同様に、大きな邸宅跡をミニ開発する場合、CIDやPUDではその全体を計画的な一団地として開発、管理することが義務づけられる。住宅地の計画・設計はすべて、既存の住宅地の環境を維持向上するという長期にわたる都市計画のコンセプトを守ることで行われている。これらのミニ開発という「一敷地一建築物」のサブディビジョン・コントロール（宅地分割規制）が都市計画理論であるにもかかわらず、わが国の都市計画ではミニ開発が公然と容認され、開発許可されている。それは、日本においては住環境という概念が未成熟のためである。

わが国の建築基準法第三章の集団規定で定められた都市計画区域における土地利用計画の決め方は、アメリカのサブディビジョン・コントロールに倣ってつくられたものである。日米は建築・都市の法律制度が似ているため、一見、アメリカと同じ街並みが形成できると思いがちである。しかし、実際の街並みは少しも似ていない。それは日本とアメリカでは敷地規模が基本的に違っているためである。敷地の規模や形状で建物の形態が決められ、わが国のように狭い敷地には建築物の設計をする余地がない。その上、建築敷地では土地と建築物を一体として環境をつくる考え方がないため、土地のもっている人文科学的

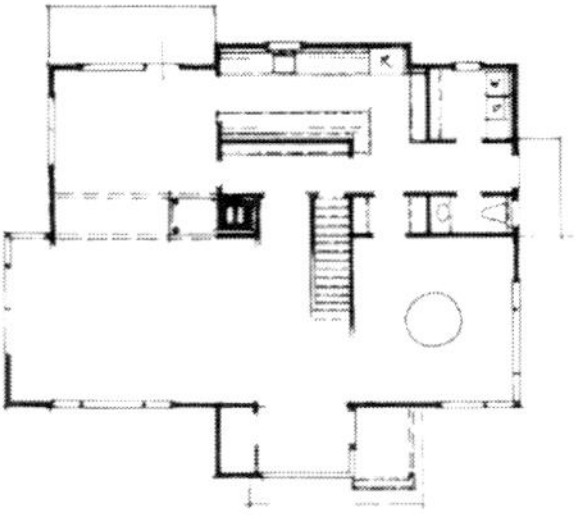

非対称形で、全体で流線形を重視して構成され、外壁は基本的に凹凸は設けず、平滑に仕上げ、窓面も壁表面と揃える形でつくられている。建築部の隅角部に積極的に二面採光窓を取り入れ、水平線を重視し、玄関にもキャノピーを設け水平線を強調、陸屋根でパラペットで水平を強調。

環境と、そこに生活する人の担っている人文科学的生活要求を結びつけて住宅地計画を行う建築教育自体が存在していない。

そのため、同じ住宅建築設計を行っても絶対的に敷地が狭すぎ、数値で解釈できない矛盾を住環境の悪化という形で外部化せざるを得ず、街並みは無政府状態になってしまう。その違いこそ、住宅建築を人文科学として捉えることがいかに重要かを物語っている。住環境を居住者に満足させるためには、その土地の担ってきた歴史・文化・生活と、その土地に生活しようとしている人の担ってきた歴史・文化・生活を組み合わせた将来に向けての住宅地熟成のストーリーの上に「わが街」となる「ビジョニング」をつくり、そこに生活する人々の主体的な以下の四つの要素を評価し、計画することが求められる。

第一は、住宅からの眺望や、住宅の立地している都市の街路から見える街並み景観、住宅の街並みの中で調和した個性豊かで帰属意識をもてる住宅地景観(ランドスケーピング)であるか。

第二は、日常生活を維持する商業・業務施設、学校、医療福祉施設、スポーツ・レクリエーション施設など、居住者の生活要求に応える機能と性能をもち、費用負担できる施設であるか。

第三は、災害安全性や犯罪安全性を確実にする自然科学と社会科学的な安全

インターナショナル様式
一九三〇〜一九九〇

フィリップ・ジョンソンらが一九三二年ニューヨーク近代美術館(MoMA)で発表した様式。

環境と、日照・日射と通風・採光、緑陰、水面を利用した気象・居住性能上の温熱・親水環境であるか。

第四は、コミュニティに生活する人たちが形成する近隣住区の人間関係で、居住者の違いを尊重し合い、「一人は皆のため、皆は一人のため」という個人の能力を発揮できる環境であるか。

住宅地の環境を守る住宅地経営主体

道路や公園等の住宅施設の環境を経営管理するために創設される自治組織、HOA（ホーム・オーナーズ・アソシエーション）のホーム・オーナーズとは、自治区域の土地の所有者・借地権者全員をいい、土地権利と一体に住宅を所有する者をいう。しかし、建物保護法で保護された建物部分の所有者を指すものではない。わが国の民法第八七条は社会科学的合理性がないため、建物保護法で非科学的な妥協策を採っている。住環境は住宅自体の環境と住宅を取り巻く環境とで構成されているため、住宅自体の不動産鑑定評価をする場合も、基本的に需要対象になる住宅の品質（効用）に対し取引価格と相関関係がある。住宅の効用と取引価格の販売価格相対的比較評価法では、住宅自体の環境品質と、住宅を取り囲む近隣環境の品質というトータル的な品質が取引価格と相関関係

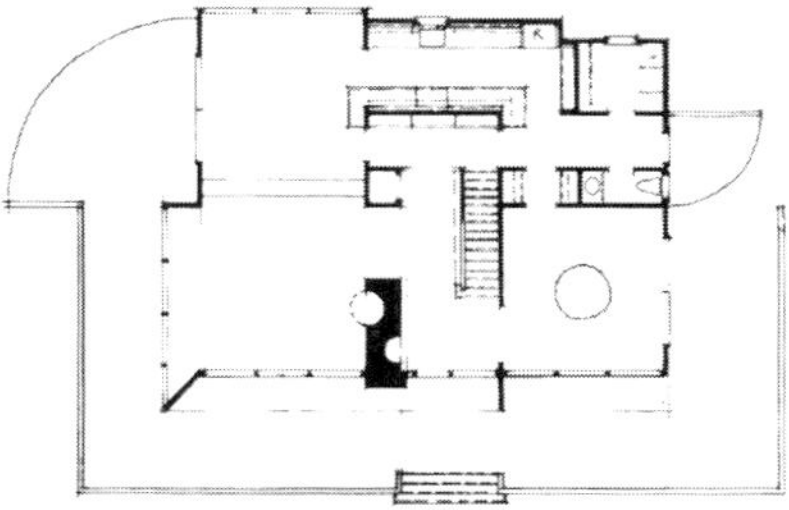

陸屋根で、建物外壁表面はスタッコまたはプラスター仕上げで平滑に仕上げ、装飾は基本的に排除。アルミニウム、スチールなどの金属製のケースメント・ウィンドーで壁面全体を開口部とするような構成も採用された。

をもつとされている。

リースホールド（借地権制度）の場合には、借地権者は土地の借地権を得て、その上で住宅不動産に加工するため、リースホールダー（借地権者）は、HOAのメンバーになることができる。日本の定期借地権制度は欧米のリースホールドとは異質で、不当に定期借地権保証料を徴収する制度である。内閣法制局は借地権保証料に代えて「地代の前払い」制度をもち出しているが、この方法もイギリスのリースホールドとは違い不合理である。日本では、借地利用していなくても借地権が発生するという理不尽なことを政府が容認し、建物保護法が正当性をもたされているところに基本的な問題がある。ただし、地方自治法第二六〇条の二に規定する「地縁共同体」の場合、都市居住者が自治体を構成するため、居住者としてのコミュニティ経営をすることになる。地縁共同体とHOAとは共通しているところもあるが、HOAとは異質なもので、HOAは土地という財産を守ることを基本条件としている。

一方、地縁共同体は地方自治体で、居住者という住民の生活を中心とすることに重点が置かれている。HOAと地縁共同体はその目的が別であるため、両者を重複して設定することも可能である。日本で定期借地権制度による住宅地経営があるが、それは基本的に相続税対策であって、住宅資産価値を向上させ

ライト様式（ライティアン）
一九四〇〜一九六〇

フランク・ロイド・ライトのユーソニアンの思想による建築様式。

る欧米のリースホールドによる住宅地経営とは違った考え方に立つものである。リースホールドによる資産増殖の考え方は、イギリス貴族(ランドロード)の考え方をエベネツァ・ハワード(イギリスの住宅地経営の第一人者)が住宅地経営に取り入れたものである。

「アワニー原則」からニューアーバニズムの思想

一九〇〇年、イギリスでニュータウンの取組みが始まった。これを受けて、住宅地計画理論としてイギリスのガーデンシティの目的に共感したアメリカでも、一九一一年にラッセル・セージ財団が住宅会社を設立し、フォレスト・ヒルズ・ガーデンズ(ニューヨーク・クィーンズ地区)を開発した。その開発地に同財団の都市環境研究者、C・A・ペリーが実際に生活し、その環境調査をまとめたのが「近隣住区論(ネイバーフッド・ユニット)」である。この計画論は家族とともに成長する住環境基準である。人々の住生活は入居時に住環境が固定的に完結するものではなく、こどもの成長や学校教育環境を中心に、人々の生活要求に応えるショッピング、スポーツ、レクリエーション、通勤や人々の交流など、生活環境の変化に対応するものである。居住者の成長に合わせて施設の整備を続けることによって、経年しても常時売り手市場を形成するという

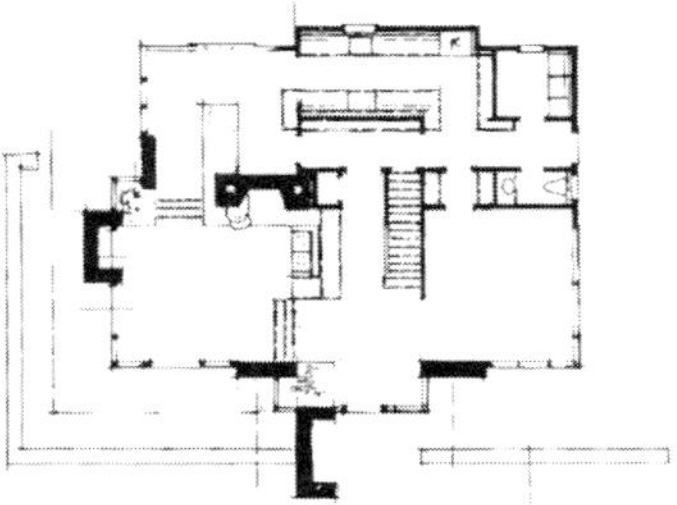

緩い勾配の寄棟屋根で、デェンティル(歯型装飾)に付いた庇が大きく張り出している。棟全体にわたるテラス、バルコニーを採用し、屋外空間と屋内空間の連続性を重視。横線を採用する石積み、レンガ積み、フレンチドア、天井から床までの背の高い窓など、水平、垂直を強調しながら、箱型の単純さを打破している。

住環境基準である。

「近隣住区論」は、戦後イギリスのニュータウン開発の計画論として広く活用された。その郊外都市開発の結果、自動車を足に各住戸がバラバラとなる生活環境が形成されたとき、それは犯罪に弱い町であることがわかった。その当時の徒歩による生活環境計画理論が、ラドバーン開発やイギリスのニュータウン開発に住宅地開発計画の経営論として取り入れられたものであるが、徒歩生活を前提にしていた地縁共同体の「近隣住区論」に基づくニュータウンのセキュリティが自動車の登場によって破壊され、近隣関係が失われた。その安全性を回復するため、ＩＴ技術を導入したスマートハウス、ゲーティッド・コミュニティが開発されたが、セキュリテイは回復されなかった。

ＩＴ技術で防犯対策をしたスマートハウスや、住宅地を塀で囲んだゲーティッド・コミュニティが期待されたセキュリティ効果を上げられなかったことから、実際にセキュリティの高いコミュニティ調査に目が向けられた。

アメリカで、ＤＰＺ(アンドレス・ドゥアーニーとエリザベス・プラター・ザイバーグ夫妻)が居住者による安全でセキュリティの高い環境について調査した結果、一九二〇年代以前に徒歩で構成される近隣住区の思想でつくられた自動車が人々の生活の足になる前の地縁共同体こそ、セキュリティの高い街で

シングル様式の住宅
設計＝ウォルター・クック
一八八七
前面道路からの眺望

あることがわかった。

住宅地経営を自治組織で適正に行うときの最も基本的なコンセプトは、その土地を保有することによって、土地所有者に資産が増殖できる展望を与えることで、さらに住宅地が犯罪に強いことと、こどもの教育環境が整備されていて、安心して育てられることである。

一九八〇年代にDPZがディベロッパー、ロバート・デービスの依頼を受け開発したシーサイド(フロリダ)は、近隣住区を再評価したTND(伝統的近隣住区開発)としてまとめられ、実践されたことで全米に旋風を巻き起こした。そこは、リゾート・コミュニティに生活する人たちの地縁共同体であると同時に、そこを管理運営する人たちの子弟の教育環境も一緒に整備されていた。

この計画論は、産業本位ではなく居住者本位の都市計画であるべきと提唱したピーター・カルソープの「サスティナブル・コミュニティ」理論や、エネルギー危機に直面した際に『スモール・イズ・ビューティフル』で説いたアーンスト・フリードリッヒ・シューマッハーの理論、またこれらに呼応して取り組まれたマイケル・コルベットの「ヴィレッジホーム」(カリフォルニア州デービス)で実践されたエコロジカル・コミュニティの理論と組み合わされ、建築家と地方自治体の都市開発関係者の合意により新しい都市開発の原則、「アワニ

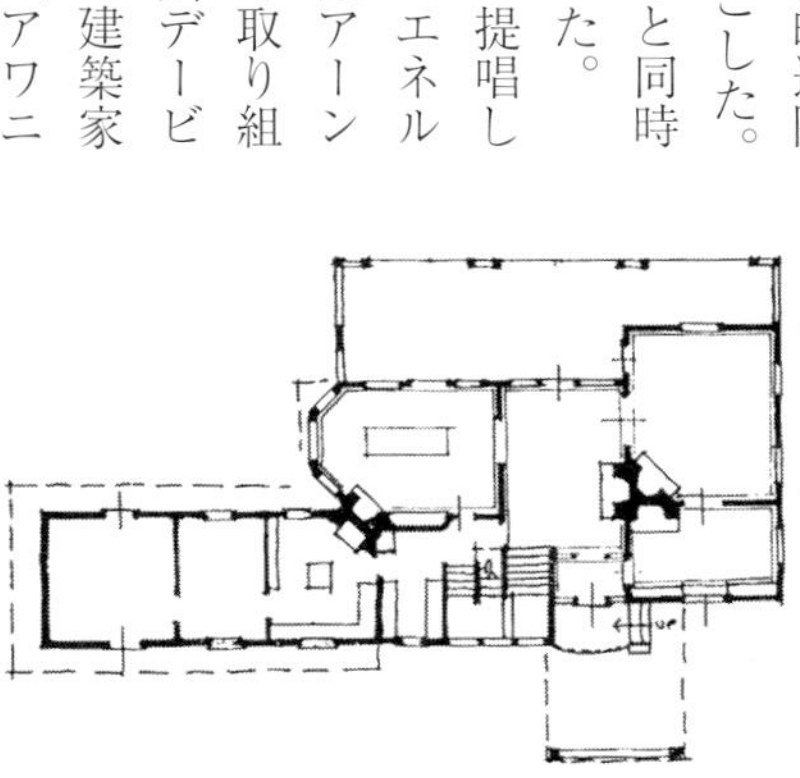

フィリップ邸
アメリカ・ニューヨーク州ロングアイランド・ベルポート
一八八七
取り壊しの前にジョン・ミルンズ・ベーカーが実測調査をしたもの(一九六〇)。

ー原則」としてまとめられた。

現在は、ニューアーバニズムとして居住者の相互交流を推進する住宅地経営が行われるようになった。住宅地として魅力のある安全で住みやすい住環境と環境経営が、住宅の高い需要を支えるものである。アメリカの不動産取引では、住宅の価格は「ロケーション」により左右されると言われている。「ロケーション」とは、交通の利便性だけではなく、土地の歴史・文化・自然科学的居住環境の品質のことをいう。つまりは、住宅設計は近隣住区環境を一体的に住宅評価されるものとして行われている。

欧米の住宅地経営と不動産経営の考え方

住宅不動産を購入することは、個人の家計支出の中で特別に大きな支出となることから、欧米では住宅関連支出をすべて不動産投資と認識し、投資に見合った資本収益(キャピタルゲイン)を期待することになる。住宅取得は住宅投資と考え、自ら居住することもあれば、他人に賃貸して家賃を得る方法もあると考えている。現在、アメリカの住宅産業を牽引しているニューアーバニズムで登場した二つの基本コンセプト、「ミクストハウジング」と「ミクストユース」とは、いずれも住宅から収入を上げる手段として利用する考え方に立ち、経済

ウォルター・L・ドッジ邸
設計＝アーヴィング・ギル
一九一六

学的には住居費負担能力の高い住宅にすることで、住宅の取引価格も賃貸料も高くすることができる。それが「住宅の資本化」である。

住宅の資産価値を高めるということは、実はその住宅に居住を希望する住宅需要者に、その住宅に生活することで所得を高められるようにすること、あるいは少ない費用で生活できる居住環境をつくることでもある。賃金の上昇が今後期待できない時代に所得を高めるには、ダブルインカム、トリプルインカムと収入源を増やすことが必要で、ホームオフィスやフレックスタイムを利用して家計収入の総額を増やせるような住宅をつくることでそれが可能となる。自分のもっている趣味に近い技術や能力を安い費用で同じ住宅地の人に提供することで、その住宅地では少ない費用で豊かな生活ができ、その技術、能力も向上するようになる。こうした住宅を計画するのがニューアーバニズムの概念である。

住宅不動産の価値は、住宅不動産を活用する方法と不可分の関係になっている。経済成長が頭打ちとなり、グローバルな視点で見た場合、先進工業国と開発途上国の労賃が平準化する方向で調整されている経済局面では、個人所得の上昇は見込めない。その時代において、世帯所得を高め、家計支出を抑え、経済的に豊かな生活を少ない家計支出で実現するのは、当然の取組みである。

オランダ、ユトレヒト近郊の住宅
設計＝ロバート・ヴァント・ホフ
一九一六

アグリカルチュラル・アーバニズムが重視された社会経済的背景も同じである。個々人が自分の保有している能力を実費で近隣の住民に提供し合うことは、そのサービスを提供する人の能力向上とともに経済的な利益となり、そのサービスを受ける人にとっても少ない負担で高いサービスが受けられる。人々の行動を決定づける要素は、人々に能力を発揮する機会を与え、経済的利益を与え、居住者相互が生活する上で互いを必要と感じ合えることである。

住宅地経営単位のサブマーケットである「ストック・マンション」

その認識どおりの住宅地経営が、歴史的には産業革命が起きたときに、家事の共同化を行うコレクティブハウジングとして始まった。現代ではその発展形として、欧米ではストック・マンションやストック・コーポラティブなど、経営単位であるサブマーケットごとのマンションやマンション経営が行われている。この場合、住環境とその近隣住環境全体が投資の対象とされ、一定の株式を保有している株主には、株式保有と同時に居住する権利が与えられる。そこでの住宅居住者の関心は、自らの居住環境として受ける利益と、株式配当や株式価格の上昇(キャピタルゲイン)により与えられる利益である。ここでも重要なのが、ストック・マンションごとに特色をもたせた魅力ある住環境の経営により、住宅の資

レッドゲート／セス・トーマス邸
設計＝ハリー・T・リンドバーグ
アメリカ・ニュージャージー州ニューヴェノン
一九二六

産価値が向上するという点である。

優れた居住環境は自らの住生活を豊かにし、そこで生活をしない場合には住宅を賃貸住宅収益物件として活用し、家賃収入を株式配当として手に入れる。株式所有者にとっても住宅居住者にとっても、快適な住環境が高い利益を手に入れる手段となる。マンションの快適性を考えるとき、重要なのは固定的な「もの」の質ではなく、居住する世帯の生活ニーズやライフスタイルと関係させたそれ以上の質である。株主には、住環境が自らの生活要求に対して適正でなければ、適正と考える需要者に賃貸するか譲渡するかの選択肢がある。

ストック・マンションの経営に関し、フィンランドの住宅政策では、政府が住宅の株式を購入してその経営権を握り、入居対象者を決める住宅地経営を実施している。その環境の中で最も重要なものは、居住者によりつくられるコミュニティである。

欧米の住宅政策では、市場全体が居住者の生活ニーズごとに区分されたサブマーケットの集合体と考え、個別のストック・マンションや住宅地はサブマーケットごとに対応することで売り手市場の経営を維持している。その特性をうまく利用することが、マンション経営の鍵である。サブマーケットは社会的ニーズに応え、きわめて流動性を高くすることができる。最近では、社会問題と

ロバート・T・マクレーケン邸
設計＝メロー・メイグス&ホウ
アメリカ・ペンシルベニア州ウエスト・マウント・アイリー
一九二〇

なっている移民を住宅需要者として受け入れるマンション経営の観点で、売り手市場の住宅地経営が行われている。ストック・マンションの株主や居住者の考え方が、欧米の人々の共通する住宅の考え方になっている。

日本的に理解すれば、「ペット飼育を認めるマンション」、「共働きを可能にするマンション」、「介護を要する人たちが安心して生活できるマンション」、「居住者の能力を安い労賃で提供し、少ない家計支出で豊かな生活を希望する人のマンション」、「兼用住宅居住をするマンション」、「副業収入を重要な家計収入と考える人たちのマンション」、「居住者のすべてがインテリアデザイナーとリアルター(不動産取引業)のマンション」といったサブマーケットを考えたマンション経営環境である。

居住者の能力を発揮できるニューアーバニズムによる住宅地

欧米では、家計費の範囲内で高い満足を与える住宅が考えられている。昔のわが国でも行われていたように、家庭に友人を招いたり、こどもたちが友だちを招いて寝泊まりをし、親交を深めるとともに、家庭を社会的交流の空間として利用し合うことで社会的つながりを高めている。また、互いの住宅を行き来し、その住宅を言わず語らずに評価し、学び合い、自分の生活空間の改善に反

ハーバート・ヤコブ邸
設計＝フランク・ロイド・ライト
アメリカ・ウィスコンシン州マディソン
一九三七

映し、高い満足のできる住生活空間をつくっている。

住宅はいつの時代にも時代遅れにはならず、その時代の生活を豊かにしている。欧米では住宅そのものが多くの人の関心、話題となる。欧米の女性たちは例外なく、互いの家庭を家族ぐるみで訪問し合い、住宅での生活を話題にすることでインテリアの専門知識を育み、インテリアデザイナーに近い知識をもっている。その知識や情報を生かし、収入を得る方法としてインテリアデザイナーやリアルター（不動産取引業）の途を選ぶ人も少なくない。その需要者を引きつけることでマンションを売り手市場にし、家賃や取引価格を上昇させる。

欧米の住宅不動産評価は、基本的に住宅の需要と供給とを反映して決められるものである。そのため、すべての人々に、住宅不動産の提供する品質・効用を評価する能力が必要になる。その評価は同じ時代に生活する人々の社会的な評価が基礎となる。その時代の需要に応えられる住宅の価値は、その住宅が評価される品質（効用）を前提に、それを現時点で建設した場合の生産コスト（推定再建築費）で評価される。これが、欧米の住宅不動産鑑定評価制度（アプレイザル）におけるコストアプローチ（原価評価法）である。

欧米における不動産鑑定評価は、決して学問的に難しい抽象論の世界ではなく、住宅の価値は需給関係を基礎にした市場取引価格で表される。よって、評

落水荘／エドガー・カウフマン・Jr邸
設計＝フランク・ロイド・ライト
アメリカ・ペンシルベニア州ベアラン
一九三六
フランク・ロイド・ライトが、唯一インターナショナル様式の特徴となる要素を駆使した偉大な作品である。

価しようとしている住宅に使われている材料と、職人の技法単価で決められる。材料や職人の単価と必要労働時間が推定されれば、おおよその推定再建築費は計算できる。そのため、欧米のインテリアデザイナーやリアルターは、それらの材料や建設労務知識に対して、専門的情報をもって不動産鑑定評価と住宅不動産見積りができるようになっている。

また、住宅は計画修繕と適切な維持管理が行われている限り老朽化せず、建設時の品質を科学的に維持することになる。

アメリカにはホームインスペクション制度があり、既存住宅の流通にあたってインスペクト（検査）を行っている。日本ではその実態が住宅性能検査のように誤って伝えられている。住宅不動産を構成する建材や住宅設備はすべて劣化するが、住環境の善良な管理と適切な修繕が行われていれば、建設当時の状態を維持する。それがある程度、量的に劣化すると、あるとき突然、雨漏りや破損という質的変化によって建築上の品質（効用）を果たせなくなる。一般に、建築材料供給業者は、材料の使用条件に対応した保証期間を定めている。

こうした状況を検査する業務が「ホームインスペクション」である。住宅に使用されている材料や住宅設備が、計画修繕や維持管理により所期の機能・性能を発揮している限り、住宅の建設時のデザイン、機能、性能が維持され、住

アーリー・コロニアル様式
ソーガス・アイアンマスターズハウス
アメリカ・マサチューセッツ州ソーガス
一六八〇頃

アメリカ建国時代の住宅様式に立ち返ってアメリカン・ハウス・スタイルを考える必要がある。

宅の価値も品質（効用）が評価されている限り、その時点で再建築した場合の「推定再建築費」として評価される。材料も労務費も土地も基本的に物価と連動して上昇しているため、推定再建築費は物価の上昇以上となる。

欧米では、モーゲージ（等価交換金融）が実施されている。そのため、エクイティ（純資産）が増大すると、金融機関はエクイティ・ローンを申し出る。そして、住宅のリモデリングや旅行、自動車の買い替えにこのローンが使われている。このように、人々は自分の住宅を大切にすることで、住宅の資産価値を高め、消費拡大を可能にしている。

アーリー・コロニアル様式サログッドハウス
アメリカ・バージニア州ノーフォーク
一六五〇頃

アメリカ建国時代の住宅の原型は、現代のアメリカン・ハウス・スタイルとしてとして生きている。

［特別寄稿］――明治一五〇年、建築をめぐる言葉の迷走

建築家・東京大学名誉教授　内藤　廣

もうずいぶん昔のことになるが、一九七〇年代の後半、スペインのマドリッドのフェルナンド・イゲーラスという建築家のもとで修業時代を過ごした。当時スペインは、ヨーロッパの中でやや時代遅れの社会体制であったため、ひと昔前の仕事の仕方だったのかもしれない。事務所には三つの身分階層があった。arquitecto（建築家）、aparejador（現場監理者）、delineante（製図工）である。arquitecto（建築家）は大学出のエリートだった。幸運なことに、私はarquitectoとして雇われたから、仕事を一緒にしているdelineanteから最初はずいぶん妬まれた。大学院出の右も左もわからない若僧の給料が、十年近く務めた彼らの倍もあったのだから当然のことだ。図面を描いたりすると怒られた。「それは自分たちの仕事だ、おまえは考え方を決めたりスケッチを描け」と言われた。最後は仲良しになったが、隠れて図面を描いたりしていた。

ある日、イゲーラスが最近のcolegio arquitecto（建築家協会）に対しての愚痴を言っていた。大学で大量の卒業生を出すようになって、それがみんなメンバーになるので、協会で意見が通らない、という。何人なんだと聞いたところ、たしか全国で一〇〇人くらいだ、と言うので驚いた。当時わが国で建築学科を卒業する人数は数万人もいたろうから、比較する気にもなれなかった。「あなたの頃は何人ぐらいだった

か」と聞いたところ、全国で二〇人くらい、と言っていた。arquitectoはエリート中のエリートだった。街で警官に職務質問されても、arquitectoだと言うと、明らかに相手の態度が変わった。感覚的な話だが、社会的な立場としては、医者や弁護士より格段に高い位置を占めていたような気がする。今はもうそんなことはないと思うが、おそらくひと昔前の西欧では、そういう立ち位置だったのだろう。

ちなみに、スペイン語は、イタリア語、ポルトガル語とならんでラテン語に近く、ローマ以来の言葉の原義に近い。arquitectura(建築)、obra(作品)、edificio(建物)、は明確に区別されて使われていた。

Architectと建築家

工学を学ぶ者のための簡易な英語の辞書である明治一九年に編まれた『工学字彙』には、「architect」は「造営師」、「architecture」は「造営学、造営術」となっている。事例として、「gothic architecture」は「ゴス派造営術」と書かれている。ちなみに、「builder」は「建築者、造営者」、「building」は「家屋」と訳されていた。「architecture」と「building」は、別のものとして記載されている。すなわちこの時期はまだ、「architecture」は具体的なモノではなく、「術」すなわち「方法」として翻訳されていた。文化全体に対する意味を含まないのでこれで正しいとは言えないが、現在よりもましな翻訳がなされていた。「architecture」は抽象名詞で複数形を持たない、と中学英語では教わるが、その意識が大人になる頃にはきれいに忘れ去られているのが通例だ。かく言う私もその一人だった。この言葉の指し示すところを生業とし、さらには教壇で教えるまでは、さして気にすることもなかった。しかし、言葉が気になり始めると際限がない。「architecture」とはなにか、ということになる。繰り返しになるが、「architecture」は抽象概念であり、それ故、現代でもコンピュータや社会制度を論じるときに「system architecture」のような使われ方をするのである。

私見だが、「architecture」という言葉の指し示すところは、正確には言い切れないが、おおよそ「文化と技術を橋渡しし、未来に向けてモノを構築する精神」というようなものではないか。「gothic architecture」、「renaissance architecture」、「modern architecture」などと使うとき、その時代の技術とともに文化が含まれていることは言うまでもない。

仮に「建築」が「architecture」と同義だとすれば、建築家という存在は、技術全般に通じるとともに文化全般にも通じていなければならないはずである。本書で述べられているように、教育課程において人文科学的な素養を身につけることは必須となる。それを身につけた者が実務的経験を経て初めて「建築家」たる存在になることができる、というのは極論だろうか。

そうするためには、とても大学の四年間では無理だ。フィンランドでは卒業するには最低でも八年は必要だと聞いたことがある。親子で大学に通っている人もいるという笑い話もある。ちなみに、イゲーラスは大学入学後、水彩画のコンクールで国のゴールドメダルを取り、ギタリストとして一流になり、その後に卒業した。あれこれやって卒業するまで八年かかったそうだ。そんななかで培われた広い人脈から、月に一度の事務所でのパーティーには、マドリッドのおもだった絵描きや彫刻家や詩人が集まった。

architectureと造家

明治以降、「architecture」という言葉は、誤訳と迷走を続けた。一八七七年（明治一〇年）につくられた工部大学校（後の東京大学工学部）の中に「造家学科」がつくられ、やがて「造家学会」が設立されるが、どうも家をつくるイメージとは違う、ということになったらしく、一八九七年に西洋事情に通じているとされた伊東忠太が、まれにしか使われていなかった「建築」という言葉を持ち出して、「建築学科」、さらに「建築学会」と改称するに至った。

この間、「建築」に対するはっきりとした定義もされないまま事が進んだがために、「architecture」と「building」と「建築」と「建物」は、場当たり的に組み合わされて使われてきたのである。「人間」や「空間」など、この時期につくり出された多くの明治造語はどれも正体がはっきりしない。同じように、先に挙げた『工学字彙』には「design」は「計画」とされている。にもかかわらず、その後、本来広い意味を持つこの抽象語に、和服の文様などに使われていた「意匠」という言葉を当ててしまった。現在に至る意匠法は、一八九九年に成立する。この時期、繊維産業が輸出の主力であったから、仕方がなかったのかもしれないが、「architecture」同様、この言葉は著作権が熱心に議論されるようになった現代に禍根を残していると言わざるを得ない。ちなみに中国語では「design」を「計画」と訳し、抽象概念として扱っている。いずれにしても、明治の造語には気をつける必要がある。

明治以降の住宅政策と世相を描き出そうとした本書の主要な主題も、これらの言葉の迷路を巡っているところもある。すなわち論じられている「建築家」と「建築士」という言葉、「architecture」と「building」

という言葉、これらの場当たり的な順列組合せによって生じてきた問題であると言えなくもない。普通に考えれば、「建築」は「architecture」であり、「architecture」をつくり上げるのは「architect」である。この意味での「architect」が「建築家」である。もしそうなら、「建築家」という立場は、技術を含めた文化の総体を理解し、それを組み立てる意志を持った人、ということになる。多少、杓子定規で固いかも知れないが、これがまっとうな理路だろう。

しかしながら、残念なことに建築基準法に「建築」の規定はない。定義されていないのである。「建築」と「建物」を組み合わせて、やや苦し紛れに「建築物」という言葉が登場している。第一章第二条に「建築物　土地に定着する工作物のうち、屋根および柱若しくは壁を有するもの」とあるが、これは具体的なモノとしての「建物(building)」の規定であって、抽象概念である「建築(architecture)」の規定ではない。これならば、「建築」を実現すべき職能は必要ないことになる。

曖昧さは美徳か

同じようなことが二〇〇五年に施行された景観法にも言える。公共空間や建物に質的な制限を与えるという革新的な法の趣旨には賛同するものの、この中には、「景観」に対する定義がない。ひたすら「良好な景観」という言葉を繰り返すに留まっている。なにが「良好」なのか、「景観」とはなにを指すのか、についてては書かれていない。そのあたりは、社会的な暗黙の合意、ということになっている。その暗黙の合意に法的裏づけを与える、というのが景観法の立て付けになっている。

この国の法体系には、根本的な概念を言葉として定義する精神が欠けているのかもしれない。むしろ、曖昧ななかで形成されていく世俗的な空気が、言葉に暗黙の定義を与えているのかもしれない。少なくとも、それを許す風土がある。このことは、明治期にさまざまな西洋文化をともかく早く取り入れねばならない中で生まれてきた方便なのだろう。走りながら考える、ということか。だからおしなべて場当たり的なのだ。

一度、国土交通省に建築基準法の英語訳を訊ねたことがある。言葉そのままに、「building standard」だとのこと。ちなみに「都市計画法」は「urban regulation」だそうだ。私見だが、「建築基準法」はモノについてのルールだから、抽象概念である「建築」のことを規定していない。だから、本来は「建物基準法」なのだろう。それを社会的責務として法に則って実現するのが「建築士」である、というのはわかりやすい。この場合、さらに言葉を正確に使えば「建築士」ではなく「建物士」となる。

一方で、建築家協会を中心に多くの建築家が求めている「建築家」の職能的な規定、これを実現するには、「建築」とはなにか、を規定しなければならない。その「建築」を社会的に実現する職能として「建築家」がある、という理路がどうしても必要だ。正論を言えば、理念法としての「建築法」があり、その中で「建築」の定義があり、それを社会的に実現するための職能として「建築家」が必要なのだという「職能規定」がある、という構図を採る必要があるだろう。

慣習と忖度の中での定義

こう書いてくると、あえて話を面倒くさくしているような気もしてくる。この国の百年来の法体系は、言葉を厳密に追いつめることなく、慣習法的な空気を纏っている。アバウトなのである。建築基準法と同じようなことは法全体に渡っているだろうから、いまさら無駄な抵抗をしているようにも思える。そもそも法とは、その程度のことしか規定できない、と思ったほうがよさそうである。問題があれば、裁判があり、その公判事例を積み重ねることで言葉が規定されていく、という構えだろう。慣習法的な側面がある、と書いたのはそのことだ。

このような法の曖昧さは、何もない日常ではなんとなく機能する。むしろ曖昧さ故の社会的な雰囲気の醸造には、このほうがうまくいくような気もする。景観法のように、厳密に言葉を追いつめないほうがうまくいく場合もある。最近流行の忖度の仕合いや積み重ねが慣習をつくっていくのだとすれば、見て見ぬ振りをするのも知恵かも知れない。

しかし一方で、東日本大震災のような大災害が起きると、現行の法体系ではまったく手詰まりになるということも頭に置いておかねばならない。わずか十数分足らずで日常が一挙に消滅する、住んでいた街や家が、さらには家族が消えてしまう、というきわめて厳しい状況が突然現れると、とたんに曖昧な法律は機能しなくなる。今時の復興では、あらゆることを現行法の中で解く、という対応が初期段階で採られた。傍らで原発事故が現在進行形で深刻だったから、津波災害に対してはとても新たな手立てを考えているすき間はなかったのではないかと推察する。

結果としてもたらされたさまざまな齟齬や不備は、平時に非常時を議論してこなかったことに起因する。したくても議論のしようがなかった、というのが本当のところかもしれない。言葉が曖昧だからだ。土地や個人の権利の問題、復興のあり方の問題、あらゆることが制度の中で、それ故、法的な建前上は正しく、したがって予算執行上も適正で、しかし本質的には曖昧なまま言葉も実体も放置されてきた。

モノとしての街や家が消滅した地域とはまったく様相が異なる原発の問題も同じである。避難区域にはハードウェアとしての街も家もあるにもかかわらず人だけがいない。事が起きてからうろたえないためには、やはり平時に言葉について議論し、定かなものにしておかねばならない。例えば、「災害」と「公害」の認識の仕方などにも大きな問題が潜んでいるはずだ。

housesとhome

さて、本書でたびたび登場する「住宅」という言葉は何と対応するのだろうか。具体的なモノである「house」を指すのか、より広い概念である「暮らしの場」を指し示す抽象名詞である「home」なのか、ここにどのような違いがあるのか、この際、本当は思考しておく必要がある。復興では、行政は「house」を与えることに必死だった。しかし、今から考えると、多くの人が本当に求めていたのは「home」や「home town」だったのではないか。

「家」と「家族」の問題もある。一般常識として「家族」という言葉はよく使われるが、そんなものはもはや存在しない、と言うと決まってキョトンとした顔をされる。明治憲法下では婚姻同意権や財産処分権として戸主に対して具体的な力が規定されていた。確かに実態としての「家」が存在していたのである。

しかし、進駐軍が最も解体したかったことのひとつが「家」だった。この社会の最小単位のシステムが、全体主義に至る旧体制の元凶だと考えられていたからだ。したがって、新憲法下では法に裏づけられた「家」という言葉はどこを探しても存在しない。保険行政で、なんとなく一緒に住まっている人たちを指す「世帯」はある。しかし、「親族法」によって社会契約上の「夫婦」や「親子」は存在するが、「家」という言葉はどこにも存在せず、それ故「家」の「族」である「家族」は存在しない。

では「家」のない時代の「住宅」とは何か。「世帯」という緩やかな共同体が、「住宅」というハードウェアを満たすものとして広がり、社会の最小単位となっていくのだろうか。これも問われねばならないだろう。

明治以降の住宅や建築を巡る輸入文化を総覧する本書を読んで、あらためてこれからやって来るはずの大災害のことを思い浮かべた。明治一五〇年、本書でもたびたび出てくる言葉だが、それこそスクラップ・アンド・ビルトでつくり上げてきたこの国の文化も制度も、賞味期限を過ぎつつあるように見える。東日本大震災と福島の原発が提起したのは、まさにこの問題だったのではないか。

この国の建築や文化を再構築せねばならない時期に差し掛かっているとの思いを強くした。

おわりに——設計および工事監理業務を担う建築士は法令で定められた業務を行うべきである

「ヒューマニティーズ」としての住宅

欧米では、人々が住宅を購入することも、既存住宅をリモデリングすることも、「住宅投資」と呼んでいる。住宅は世帯所得に比較し約三〜五倍もする高額な買い物である。住宅は、基本的に世代を超えて使い続けられるものであり、使う人のライフステージに伴って変化する。また、高い満足が得られるように使われれば住む人の生活を豊かにできる。「靴に足を合わせるのではなく、足に合わせて靴をつくること」を勧めていて、インテリアはもとより、エクステリアやガーデニングを居住者が自分自身で行うなど、居住者のライフスタイルに応えられるように、住宅は始めから計画し、つくられなければならない。

それにより居住者は自分の生活を豊かにする。経済的支出に限ってみても、ホテルやレストランで接客することに比べて、自宅に友人などを招待する生活のほうが無駄《むだ》を省き実のある生活が楽しめる。人々が社会的な仕事をするにあたり、自分一人でできる仕事には限界があり、他人と協力しなければならない。他人と一緒に仕事をするには、互いの信頼関係がなければならない。家族ぐるみで互いが理解し合うためには、家族ぐるみで会食する機会をもつことが望ましい。その営みが自宅で行えることが、最も経済的である。

住宅取得のためのコストカット

欧米では、住居費は世帯の家計支出の三〇パーセント、または、家族年収の三倍以内であることが重要な条件と言われている。しかも、住宅の販売価格においては、等価交換で請負契約を結ぶことを公平の条件として社会が守っており、住宅購入のために利用される住宅金融機関も等価交換金融(モーゲージ)を実施している。そのため、欧米では住宅を取得する人、住宅を供給する人、住宅を建設する人も、その生産過程に介在する無理《むり》、無駄《むだ》、斑《むら》を排除してできるだけ安く住宅をつくろうとする。

最もわかりやすいところでは、住宅に使う材料と労務を最小限にし、またエネルギーのロスを減らすために、その外郭(エンベロップ)の総延長が最小になるように計画をする。そのため、外壁や屋根に凹凸をつけないように単純でバランスのとれた形態を選ぶ。一方、住宅を取得する人は、その機能や性能を重視する以上に、「わが家」という帰属意識を抱くことのできるデザインの住宅に力を入れ、居住者が自分自身で手を入れる部分をできるだけ大きくするように計画をする。住宅や建築のデザインは、個性豊かで、自分の帰属意識のもてるものとしてつくる。

自分の住宅は、近隣の住宅と区別できる「わが家」であるとともに、街並みが他所の街並みと違った個性をもち、それでいて、「わが街」と思える街でなければならないと考える。多くの住宅・建築・都市(住宅地)のデザインは、その土地の歴史・文化とそこに生活する人の担う歴史・文化とが複雑に結び合って、相互の住宅の違いを尊重し合い、人々が愛着を感じる住宅や街並み、「わが街」をつくることになる。街並みは住んでいる人たちに愛され、その生活の変化を反映して成長していく。欧米でクラシック様式の住宅や街並みが好まれる理由も、歴史・文化とのつながりを大切にするからである。

そこに住んでいる人にとって、いつも高い満足を享受できるよう住民の自治で経営管理される。高い満足を与える街は、人々が移住を望み、常に「売り手市場」の街を形成するような憧れの街である。住宅の価値は、「その住宅を現在新設したらいくらになるのか」という「推定再建築費」で取引される。住宅は基本構造や設備を除き、高度な専門技能を必要とするもの以外は居住者自身が対応できるように設計し、できるだけ安くつくることに努めるべきである。

家計支出に見合う先進国の労働賃金の先行き

コンピュータを使い、最先端技術を駆使して仕事をする能力を保有している人は、先進工業国だけではなく開発途上国にも多数いる。そこには、教育の普及向上という社会的背景がある。先進工業国では高賃金の労働者を雇うより、その二〇分の一の賃金で開発途上国の労働者を使おうとする。日本の企業もODAで開発途上国に工業団地をつくらせたが、現地の優秀な労働力を使うため、先進工業国の賃金は開発途上国に雇用の機会が奪われ、頭打ちとなる。

このような先進工業国の状況は、住宅建設においても住宅価格の低下になって表れている。欧米では、住宅建設業者は無理《むり》、無駄《むだ》、斑《むら》を排除し、食糧生産を取り込んだエコロジカルな住宅を住宅購入者と一緒になって考える環境設計が取り組まれている。

その結果、家族の規模に比較して大きい住宅の場合には、こどもが巣立った後を「スタジオ」と呼ばれる「1LDKトイレ付」の賃貸住宅にして家賃収入を得る取組みが広がっている。このような空間の効率的な利用を図るため、DIYの技術を含め少ない費用で豊かな生活を営む「ローカルマネー」と同じ相互扶助の生活方法が、ニューアーバニズムとして取り組まれている。

ツーバイフォー工法住宅の日本と欧米の価格差

京都では、歴史と文化を生み育ててきたレンガを使った近代建築と住宅を見ることができるが、明治以来の意匠教育として実施されてきた近代建築の挫折の歴史と現代的再評価を考え、これから展開する多様な居住形態を受け入れたニューアーバニズムによる街づくりを人文科学的に考えてほしい。戦後七〇年の間見落とされてきた「国民の家計支出で購入ができ、資産価値となる住宅をどのように実現するのか」という未解決の問題がある。日本とアメリカとカナダの住宅を半世紀以上にわたって比較研究してきたが、日本のツーバイフォー工法の住宅は、アメリカやカナダのものとはまったく違ったものである。構造に使う製材(ディメンション・ランバー)が同じであることだけで、合板寸法も異なっている。住宅価格が大きく異っている理由は、住宅の構造形式、設計図書、住宅のデザイン、施工のシステムが違うため、高い生産性が上げられていないからである。アメリカやカナダの住宅は、矩形平面に切妻屋根や寄棟屋根を乗せただけで存在感がある。それは、建築家が人文科学によるデザイン教育を受けているためデザイン様式がしっかりしており、生活要求や時代感覚に合わせてリモデリングしているからである。

それに対し日本の住宅設計は、その建築教育において商業建築の「ものづくり」のように目立たせる販売目的で住宅設計を行う「フローの住宅」方法に依存してきた。欧米において、住宅を購入することにより資産形成ができる理由は、「ストックの住宅」が常に売り手市場を維持できるからである。人文科学として考える「ストックの住宅」か、売り逃げを目的とする「フローの住宅」かの違いである。アメリカやカナダでつくられている住宅であれば、日本でつくる住宅と同品質の住宅を半額で供給できる。そうすれば、住宅を購入した人の資産は住宅を所有することで増やすことができる。

本書が目的としている警告

欧米と比較して、日本の住宅建築が消費者に悪影響を与えている基本的な問題が、宅地開発計画と住宅設計にある。それにもかかわらず、その事実が関係者に理解されていない。安全を口実に鉄筋コンクリート造による狭小宅地のひな壇造成を行い、設計者が顧客の購買力を正しく認識し無理《むり》、無駄《むだ》、斑《むら》を省いた住宅を設計する技術をもたず、使用する材料の性格および価格、施工に携わる職人の技能および賃金も把握していない。つまり、設計者は、建築士法に定められている設計と工事監理の業務ができていないのである。自分で設計した住宅の工事費見積りもなければ、建設現場で職人が最も効率的にできる工事の納め方も指示できない。建築士資格を有する設計者・工事監理者は、欧米の設計者・工事監理者が実施している業務のほとんどが実施できていない。人文科学として住宅を捉えられないため、住宅および住宅地環境管理経営に対する知識・経験が欠如し、設計業務がやりっぱなしの状態になっている。これらの問題を解消するためには、設計者がその業務を人文科学的業務と認識し、人文科学による建築教育に立ち戻ることが不可欠である。

明治政府が進めた近代ルネサンス建築を設計・施工できる建築技術者の養成が短期間で成功したことと、一九二三年に発生した関東大震災で多数の人命と財産とが失われたことで、「意匠・構造論争」を天下分け目に建築教育は大転換を余儀なくされ、建築設計業務自体が再生不可能な状況となった。住宅設計自体が歴史・文化を失った代願設計に堕したため、第二次大戦後、住宅・建築行政が不等価交換販売と不等価交換金融を、不適正な設計図書と工事費見積りを悪用して展開し、国民を貧困に陥れてきた。消費者が求めている歴史・文化と生活を豊かにするための建築設計業務に正すことなしに、性能・品質偏重の代願設計に堕した現代の建築設計業務を改善することはできない。

欧米の住宅はただ単につくることが目的ではなく、人々が豊かに住み続け、いつでも「売り手市場」で取引されるような「歴史・文化と生活」を考えた成長する住宅をつくることである。それが、住宅を取得することで人々が資産を形成できている理由である。一方、わが国は住宅産業が利益を上げる住宅をつくることが目的で、つくられた住宅は人々とともに成長することなく、スクラップ・アンド・ビルドされるしかない。欧米と日本の住宅・建築・都市の違いを生み出している建築教育への警告こそ、本書の目的である。

[ラ－ロ]

[ワ]

[A－Z]

[マ－モ]

[ヤ・ユ・ヨ]

[タ－ト]

[ナ－ノ]

[ハ－ホ]

[サ－ソ]

［索引］

［執筆者経歴］

戸谷英世――とたに・ひでよ

●――特定非営利活動法人住宅生産性研究会理事長。
一級建築士、技術士（建設部門）、建築主事資格、国家公務員上級職甲（建築職）、建設省住宅局建築指導課、技術調査官、建築研究所、住宅・都市整備公団、大阪府、愛媛県、インドネシア共和国公共事業省、㈶国土技術開発センター、ＡＢＣ開発㈱。

「住宅を取得することで資産形成ができる」ことが、日本以外の国の常識になっている。国民の支払い能力の範囲で高品質の住宅が購入でき、居住者のライフステージ・ライフスタイルに対応して豊かな生活を享受できる「わが家」は、適正な維持管理と必要なリモデリングを繰り返し、物理的・社会的にも老朽化することはない。住宅不動産の鑑定評価は、現時点での推定再建築費以上に評価され、住宅地の熟成を加味した資産価値の評価額である。この半世紀、この欧米の住宅の仕組みを日本で実現することに取り組む。

著書に、『アメリカの家・日本の家』（井上書院）、『アメリカの住宅地開発』（共著・学芸出版社）、『アメリカの住宅生産』（住まいの図書館）、『最高の工務店を造る方法』（エクスナレッジ）ほか多数。

欧米の建築家《Architect》・日本の建築士《Kenchikushi》

二〇一八年七月三〇日［第一版第一刷発行］

著者――戸谷英世©
発行者――石川泰章
発行所――株式会社井上書院
東京都文京区湯島二―一七―一五 斎藤ビル
電話＝〇三―五六八九―五四八一
振替＝〇〇一一〇―二―一〇〇五三五
http://www.inoueshoin.co.jp/
印刷・製本――株式会社ディグ
装幀――川畑博昭
ISBN 978-4-7530-2292-2 C3052 Printed in Japan

フローの住宅・ストックの住宅
日本・アメリカ・オランダ住宅比較論

戸谷英世　スクラップ・アンド・ビルドによるものづくりを目的としてきた日本のフローの住宅政策の間違いとその根拠を明らかにし、欧米のストックの住宅実現への方途を提言する。　四六判・一八四頁　本体二〇〇〇円

住宅で資産を築く国、失う国
新住宅5ヶ年計画への提言

住宅産業問題研究会編著　住宅資産価値の増大につなげてきた英米の成功例に学びながら、住宅が資産形成の手段となりにくい日本の住宅産業構造の再生に向けた取組みについて提言。　四六判・二一六頁　本体一八〇〇円

日本の住宅はなぜ貧しいのか
資産となる住宅建設とスーパートラストマンションの試み

戸谷英世・久保川議道　住宅の資産を高め、経済基盤の再生を図るための住宅政策・土地開発に向けて、英米で成果をおさめている住宅開発や、永住型賃貸住宅供給の取組みを紹介。　四六判・一八四頁　本体二〇〇〇円

アメリカの家・日本の家
住宅文化比較論

戸谷英世　わが国が輸入住宅政策に踏み出したときのマイルストーンとなった日米住宅文化比較論。社会的・歴史的背景を踏まえ、日本の住宅デザインのこれからの方向性を示唆する。　四六判・二四〇頁　本体一九〇〇円

アメリカン・ハウス・スタイル

ジョン・ミルンズ・ベーカー、戸谷英世訳　コロニアル様式、ジョージアン様式など、アメリカ各地の建築の歴史を造り上げている多種多様な建築様式の歴史的背景と形態、識別法を紹介。　四六判・二六二頁　本体三六〇〇円

＊表記の本体価格に、別途消費税が加算されます。